QUESTIONS AND ANSWERS ENCYCLOPEDIA

问答大百科

［印］桑德沃尔德等　著
《问答大百科》翻译组　译

中国财政经济出版社

图书在版编目（CIP）数据
问答大百科：彩色版／（印）桑德沃尔德等著；《问答大百科》翻译组译. -- 北京：中国财政经济出版社，2013.1
书名原文：Questions and Answers Encyclopedia
ISBN 978-7-5095-3409-0

Ⅰ. ①问… Ⅱ. ①桑… ②问… Ⅲ. ①科学知识－普及读物 Ⅳ. ①Z228

中国版本图书馆CIP数据核字（2012）第017730号

著作权合同登记号：图字01-2011-7690

LEOPARD LEARNING
纽约 · 伦敦 · 新德里

作　　者：琳内特 · 布兰特 · 桑德沃尔德，亚阿米尼，约翰 · 帕里塔诺
发行总监：切斯特 · 菲舍
编　　辑：艾丽斯 · 格林
文字编辑：哈里特 · 麦格雷戈
项目经理：库纳尔 · 库马尔
创意总监：西米 · 西卡
艺术总监：若伊塔 · 达斯
封面设计：埃米尔 · 阿巴希
设 计 者：里图 · 乔普拉，帕鲁尔 · 甘比尔，玛尼什 · 库马尔，
苏珊娜 · 塞缪尔，蒂维伊 · 辛格
美术编辑：亚历克斯 · 布朗
图片研究员：朱迪 · 布朗，斯蒂芬妮 · 米尔斯
译　　者：《问答大百科》翻译组

ISBN: 978-81-907857-4-7

中国财政经济出版社 出版
URL：http://www.cfeph.cn
E-mail：cfeph @ cfeph.cn

社址：北京市海淀区阜成路甲28号　邮政编码：100142
发行处电话：88190406　财经书店电话：64033436
北京联兴盛业印刷股份有限公司印刷　各地新华书店经销
889×1194毫米　16开　14印张　122 000字
2013年1月第1版　2013年1月北京第1次印刷
定价：128.00元
ISBN 978-7-5095-3409-0/Z · 0004
（图书出现印装问题，本社负责调换）
本社质量投诉电话：010-88190744

QUESTIONS AND ANSWERS ENCYCLOPEDIA

问答大百科

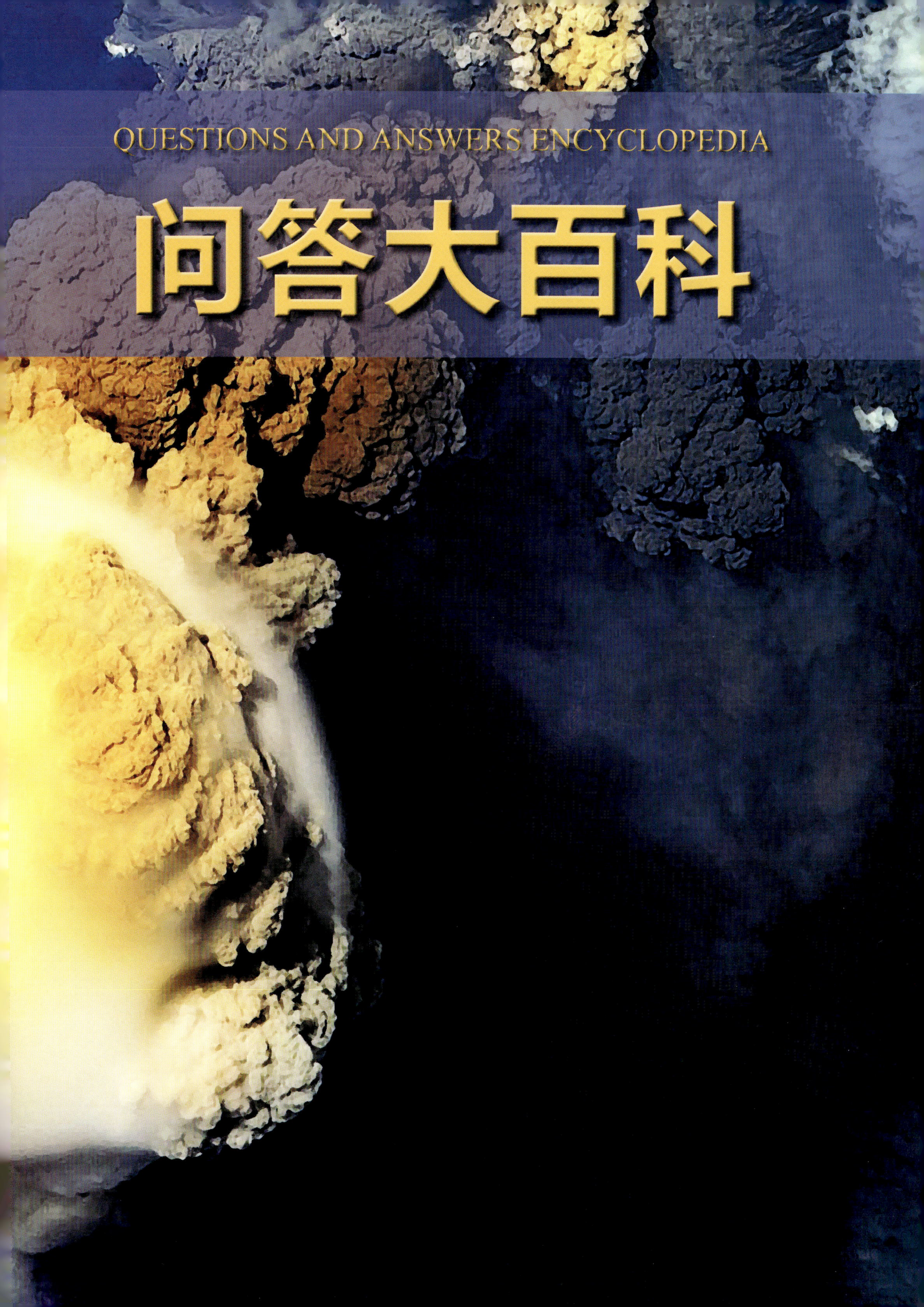

目录

文化与艺术 97

体育与休闲 109

世界宗教 119

科学 127

技术 137

目录

宇宙

星系是什么？

星系是一群星星。它由数以亿计的恒星、尘埃以及气体组成。星系可以独立存在，也可能数个星系组成一群或是组成星系团。星系有很多不同的形状：螺旋形、椭圆形以及不规则形。螺旋星系有长长的旋臂，椭圆星系则呈蛋形，不规则星系没有固定的形状。

NGC2207号星系的核心。这一星系在约4千万年前开始向IC2163号星系靠近

IC2163号星系最终会和NGC2207号星系合并成一个大的椭圆星系

▲有时在万有引力的作用下两个星系会越靠越近，最后发生碰撞。尽管星系之间发生了碰撞，但组成星系的恒星彼此之间相隔很远，因此不会撞在一起。

宇宙中只有一个星系吗？

宇宙中有数以亿计的星系，当然，恒星的数量比这更多。我们已知的星系至少有1000亿个。而且，人们还在发现越来越多的星系。星系之间正在彼此远离，从而使宇宙膨胀。一些科学家认为宇宙的膨胀是永远不会停止的。

宇宙中有多少恒星？

我们根本数不过来！根据科学家们的说法，宇宙中至少有70个1000的七次方那么多的恒星，也就是说7后面再加22个0那么多。恒星是由气体和尘埃组成的发光发热的巨大球体。当一颗恒星中的气体燃尽，这颗恒星就死亡了。

天空中的图案

仰望夜空的时候，你也许会发现恒星们组成了一些很熟悉的图案，例如螃蟹、龙或者熊。我们把这些图案叫做星座。天文学家们把天空分成88个星座。比较著名的星座有大熊座、小熊座和猎户座等。其中有12个星座称为黄道星座。

黑洞是什么？

黑洞是由大质量的恒星压缩形成的。当一颗巨型恒星爆炸之后就会收缩，直到它变得比一个原子还小的时候，就会形成黑洞。黑洞的中心被称为“奇点”。这一点周围的万有引力是如此之强，以至于任何靠近黑洞的东西都会被吸进去。甚至是光也会被吸进去，因此我们不可能看见黑洞。科学家们用特殊的仪器观察黑洞对于其周围物体的影响，进而探测黑洞的存在。

超新星是什么？

超新星是能将一整颗恒星彻底摧毁的一次剧烈爆炸。爆炸后，会持续数天放出极其明亮的光芒，看起来就像是一颗“新”的恒星刚刚诞生一样，因此得名“超新星”。超新星甚至比太阳还要亮上100万倍。

▲这幅艺术家的想象画描绘了一个类星体——一个成长中的黑洞。这个类星体为一个超大质量的黑洞提供“食物”，这个黑洞是一个星系中最大的黑洞。很多星系的中心都有超大质量的黑洞。

更多相关知识 ▸ 太阳和太阳系10–11 ■ 月球18–19 ■ 空间探索20

太阳是一颗恒星吗？

太阳是一颗中等大小的恒星，属于黄矮星。太阳比宇宙中大多数的恒星更小更年轻，但它却非常明亮，而且极其的热。大约50亿年之后，当太阳核心的所有氢都用光了的时候，太阳就会变成一颗红巨星。这之后，太阳就会变成一颗白矮星并逐渐走向死亡。

太阳上也有和地球上一样的风暴吗？

太阳黑子事实上就是太阳上的风暴。这些风暴在卫星图片上看起来就像是巨大的黑点，因此叫做“黑子”。

▼八颗大行星以及许多矮行星、小行星、彗星等等围着太阳转，所有围绕太阳旋转的物体都在万有引力的作用下各就各位。

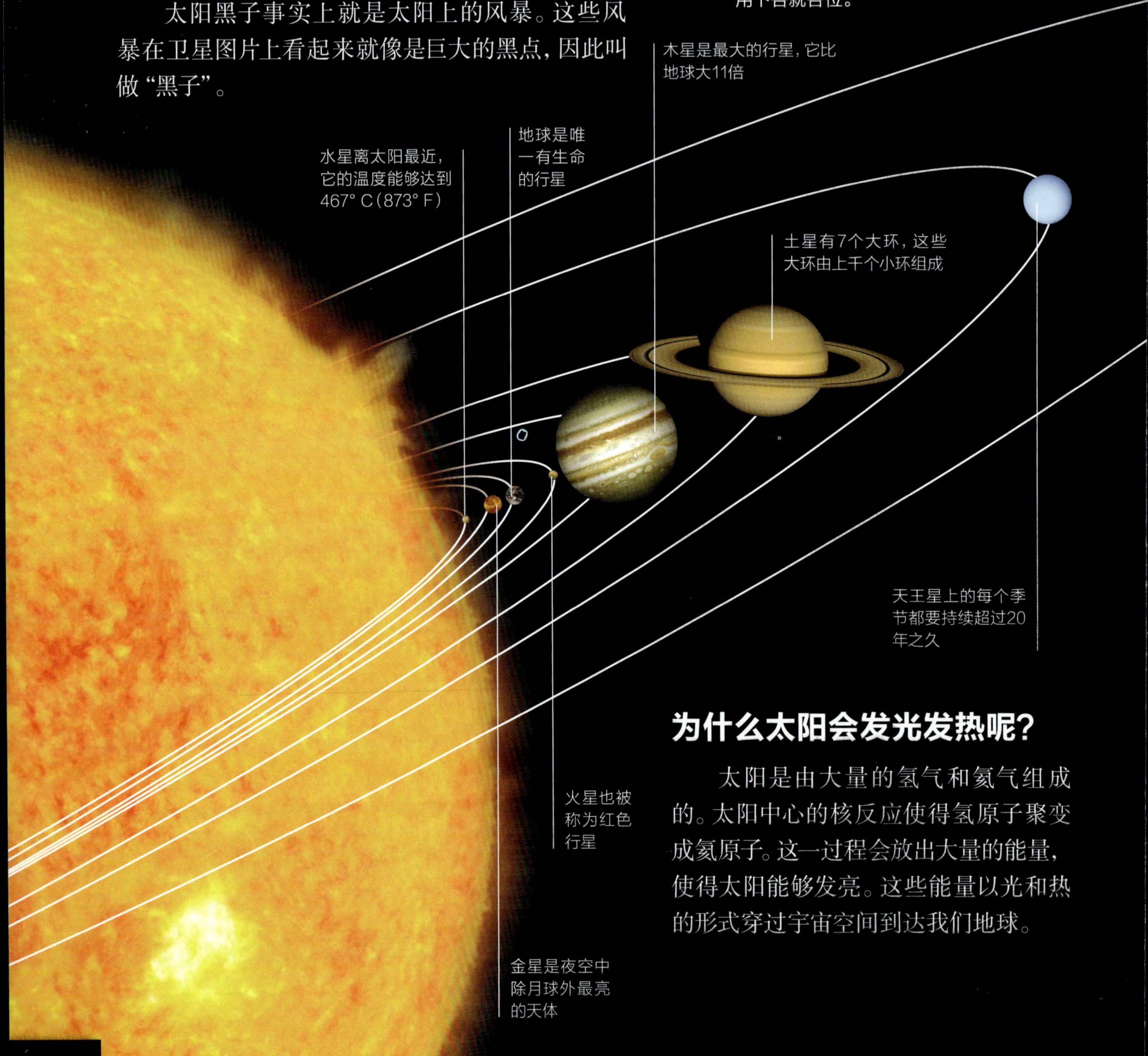

为什么太阳会发光发热呢？

太阳是由大量的氢气和氦气组成的。太阳中心的核反应使得氢原子聚变成氦原子。这一过程会放出大量的能量，使得太阳能够发亮。这些能量以光和热的形式穿过宇宙空间到达我们地球。

内行星

水星、金星、地球和火星离太阳最近，它们都由岩石以及铁和镍这样的金属组成。它们都不大，直径小于13,000千米。

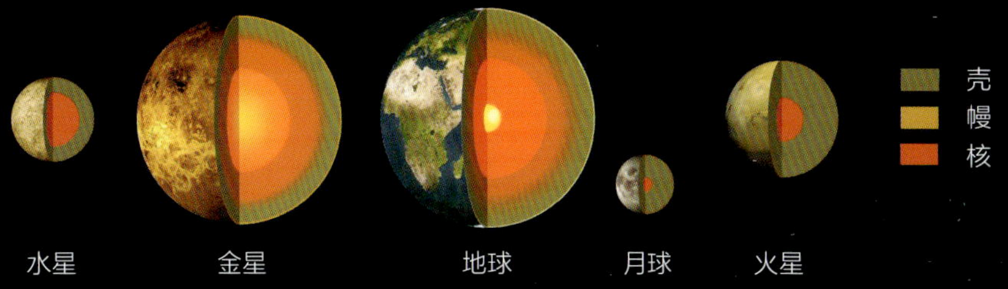

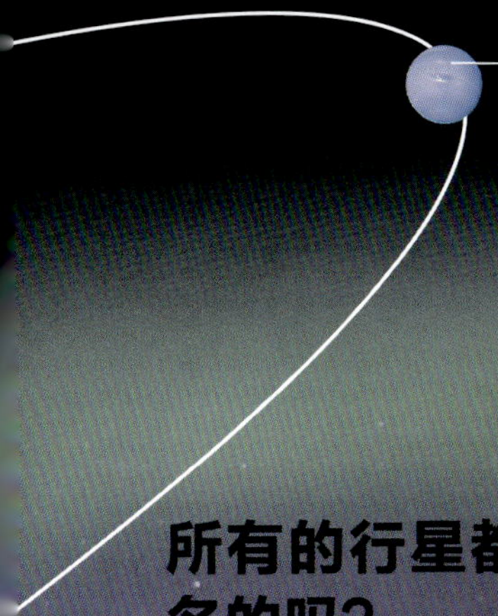

“钻戒效应”会发生在日全食刚刚开始和刚刚结束的时候

日食的时候太阳是怎么了？

当月球在太阳和地球之间挡住太阳的时候，就会发生日食。日全食的时候月球会整个挡住太阳，日偏食的时候太阳的一部分还是可以看到的。在日环食的时候，尽管月球就挡在正中间，太阳边上还是露出一个明亮的圈。由于太阳比月球大很多，所以当月球离太阳太远，以至于不能完全盖住太阳时，就会发生日环食。

所有的行星都是以神的名字命名的吗？

除了地球和金星外，所有行星的拉丁文名字都是以希腊和罗马的男性神的名字命名的。金星的拉丁文名称是罗马女爱神的名字。金星表面的绝大多数特征也都以各种女神的名字来命名。

极光是什么？

极光是天空中出现的一种光芒。极光出现在地球的两极地区。太阳以太阳风的形式发出高能带电粒子。这些粒子中的一部分被地球磁场捕获。这些被捕获的粒子撞击大气层中的气体，使得它们开始发光。极光大多是红色和绿色的。北极地区的极光叫做北极光，南极地区则叫南极光。

▲阿拉斯加熊湖上空的北极光。北极光只有北半球能看到。它的拉丁文名称Aurora Borealis来自两位神的名字。Aurora，也就是奥罗拉，是罗马的黎明女神；Boreas，也就是波瑞阿斯，是希腊的北风之神。

更多相关知识 ▶ 恒星和星系8-9 ■ 岩石行星 12-13 ■ 月球18-19

什么是岩石行星？

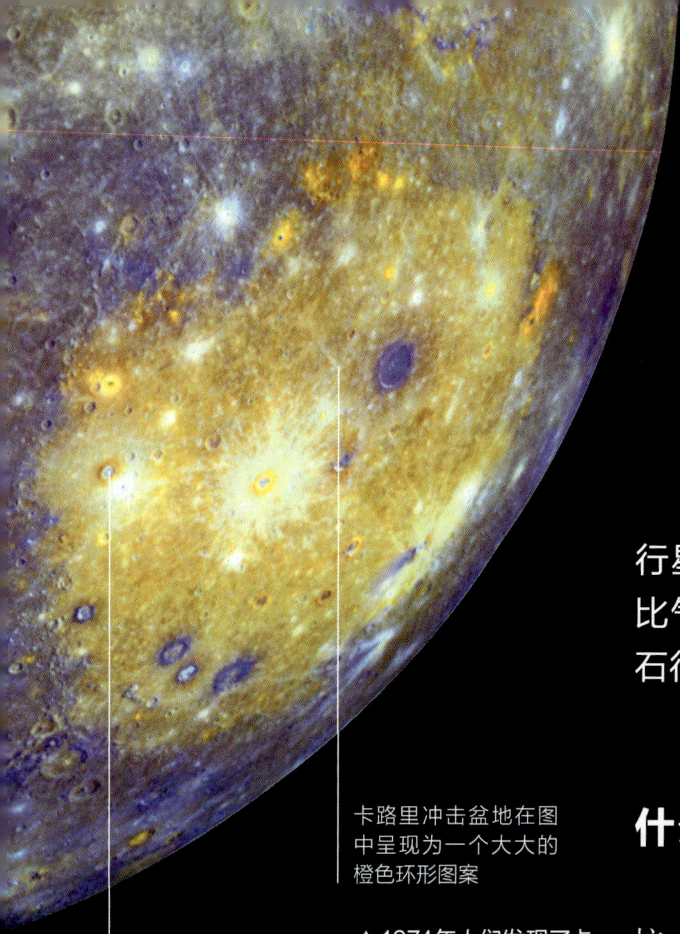

卡路里冲击盆地在图中呈现为一个大大的橙色环形图案

这些亮橙色的点被认为是水星表面的火山

▲1974年人们发现了卡路里盆地。

水星、金星、地球和火星称为岩石行星。这些行星由岩石以及诸如铁和镍这类的金属组成。它们比气态巨行星小，但质量却很大。由于质量大，岩石行星的自转速度远远慢于气态巨行星。

什么是卡路里盆地？

卡路里盆地是水星上最大的陨石坑，它的直径大约有1300千米。它也是太阳系中最大的陨石坑之一。

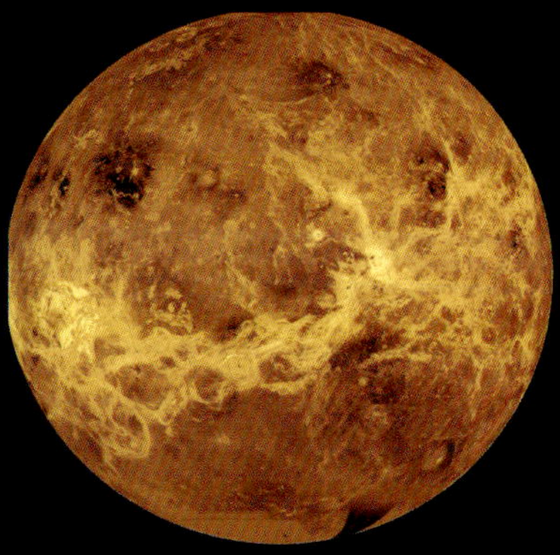

▶金星表面被厚厚的二氧化碳层覆盖，其中包含着有毒的硫酸。

金星上的一天真的比金星上的一年还要长吗？

金星绕太阳一圈的速度比地球快很多。金星用大约相当于地球上225天的时间就能公转一周，然而，金星自转的速度很慢，自转一周需要相当于地球上243天的时间。因此，金星上的一天要长于金星上的一年。

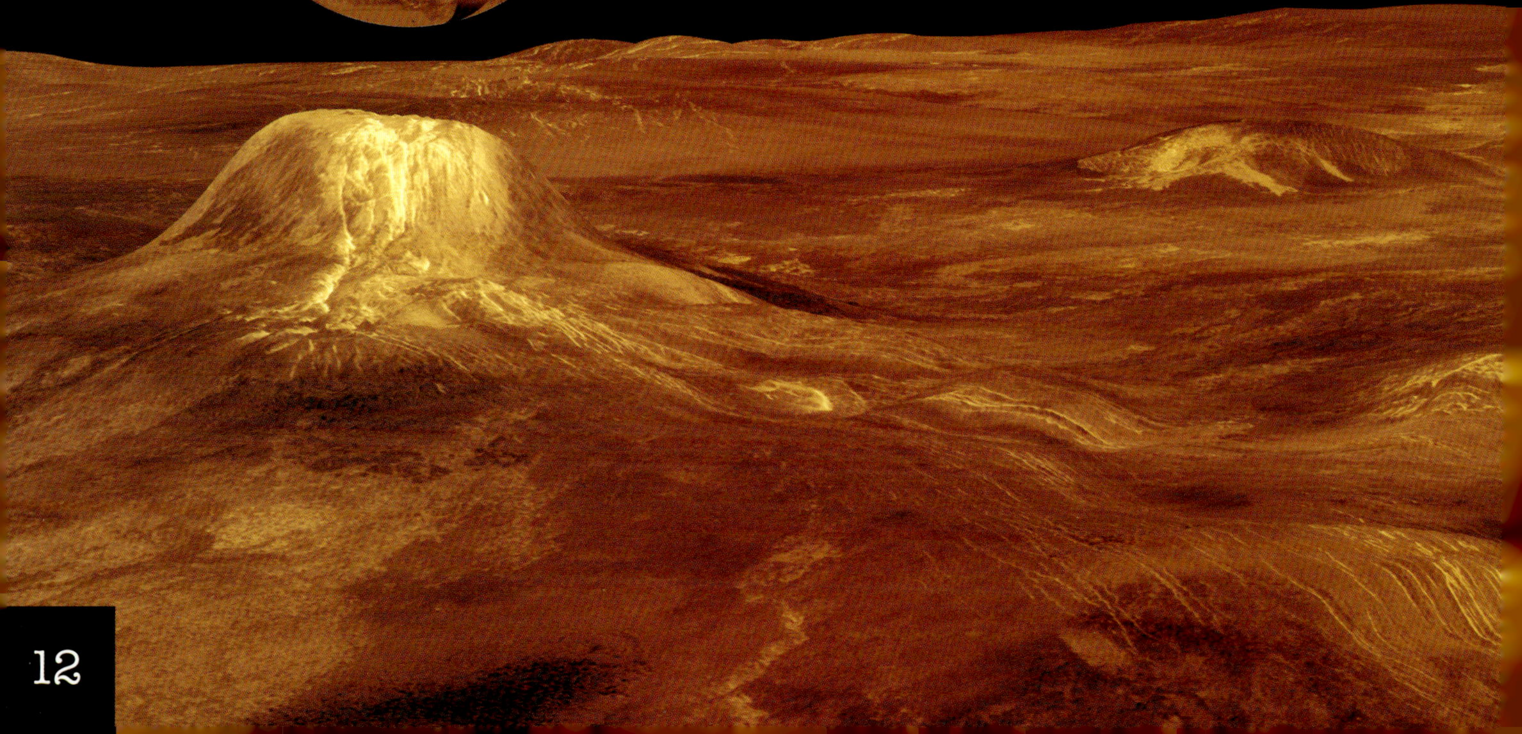

为什么火星上的四季比地球要长？

火星和地球的自转轴都是倾斜的，因此火星和地球一样也有四季。然而，由于一个火星年相当于两个地球年，因此火星上的每个季节也相当于地球季节的两倍那么长。

未解之谜

科学家们在火星的岩石层中找到了水存在的迹象。他们还在火星南极地区的土壤中找到了冻结的水。这使得科学家们相信火星上一定曾经有水。科学家们认为在大约35亿年前火星上曾经发过大洪水。这些水可能聚集在大盆地中了，但是这些水现在哪儿去了仍然是个谜。

▼火星是一个寒冷而孤独的行星，表面有很多火山和峡谷。

金星上的太阳是从东边升起的吗？

所有行星都绕着自转轴自西向东旋转，而金星却反方向旋转。因此，金星上的太阳是西升东落的。科学家们认为金星可能曾经被巨型小行星或流星体撞击，因此使它朝反方向旋转。

为什么水星上的夜晚极其寒冷？

和地球不同，水星没有厚厚的起保护作用的大气层。这意味着来自太阳的热量可以轻松逃离水星的表面，使得水星的夜晚极其寒冷。

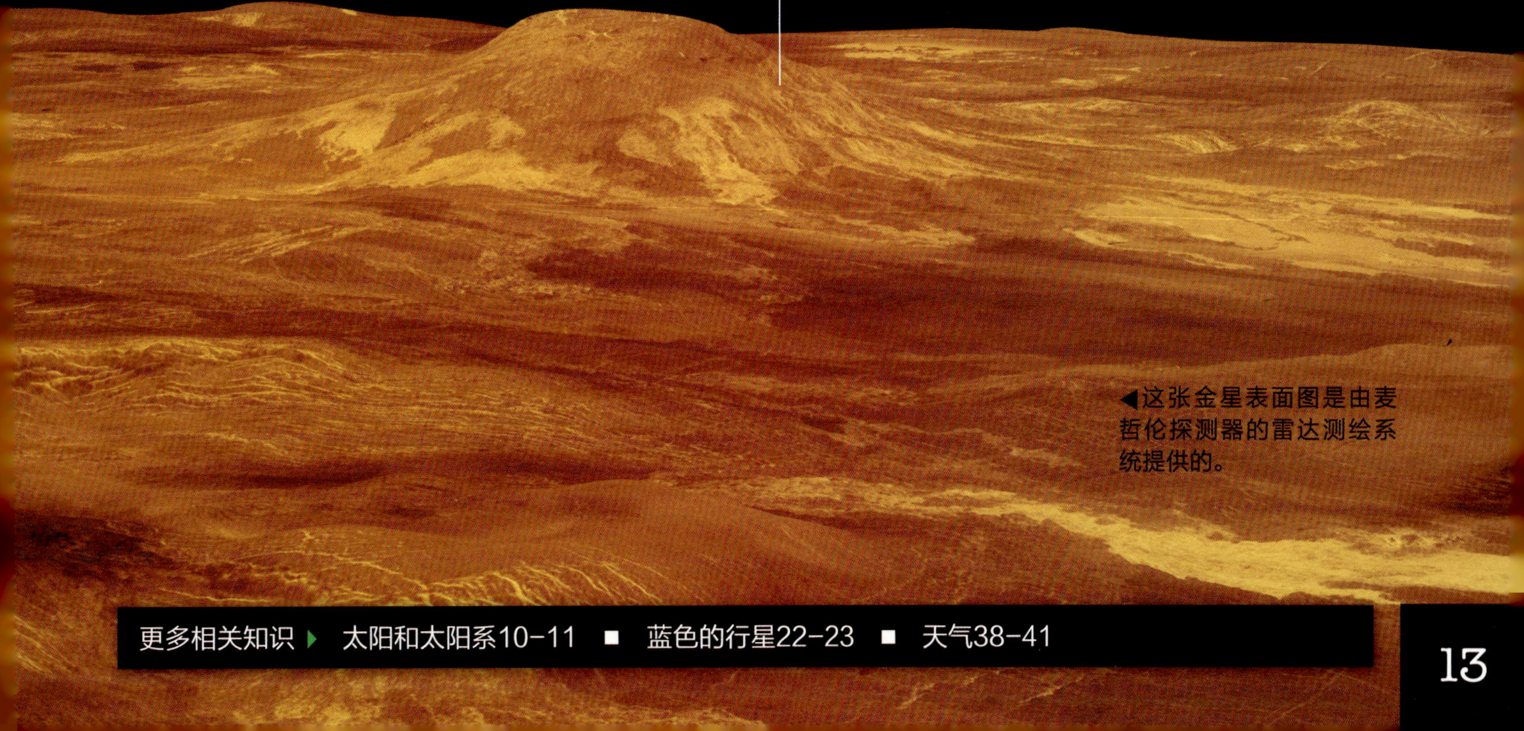

金星表面的形状是火山造就的，金星上有160座以上直径超过100千米的巨型火山

◀这张金星表面图是由麦哲伦探测器的雷达测绘系统提供的。

更多相关知识 ▸ 太阳和太阳系10-11 ■ 蓝色的行星22-23 ■ 天气38-41

气体巨行星是怎么形成的？

当太阳系星云形成太阳的时候，围绕着太阳的尘埃和粒子聚在一起形成了行星。太阳的热量融化了邻近的小冰粒，但尘埃微粒聚集起来，形成了小块岩石。这些岩石在之后的岁月里越变越大，最后形成了四颗岩石行星。一些远离太阳的小冰粒没有被融化，这些小冰块和气体一起形成了气体巨行星。

气体巨行星有什么独特之处？

气体巨行星体型巨大但密度比较小，因为它们主要是由气体和小冰粒组成的。事实上，土星的密度是如此之小，以至于它能漂在水上！气体巨行星自转十分迅速，它们还带有环。这些行星没有坚硬的固态表面。木星和土星有半液态的核，核被一层液化的气体包裹。如果降落在气体巨行星上，我们就要在气体中行走了。

土星有多少环？

土星有7个大环，每个大环都由数以千计的小环组成。这些环由灰尘微粒和碎冰组成，碎冰能有雪球一样大。这些碎冰反射阳光，因此环也闪闪发光。土星的环能达到1千米厚，绵延超过28万千米。伽利略于1610年第一次用望远镜观测了土星环。

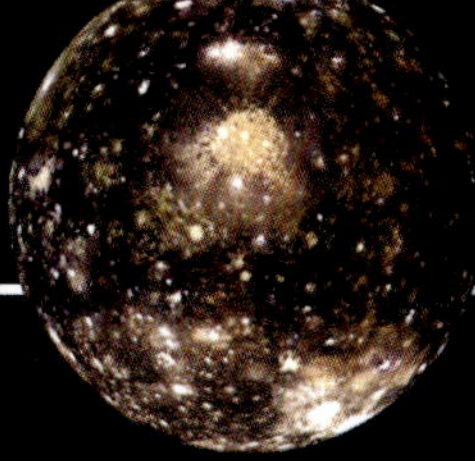
卡利斯托

甘尼美德

木星的卫星

木星有60多个卫星。著名的意大利天文学家伽利略1610年1月7日第一次观测到了木星最大的4颗卫星。这4颗卫星是伊奥、欧罗巴、卡利斯托和甘尼美德，它们也合称伽利略卫星。如今我们已知的木星卫星一共有63颗。4颗伽利略卫星中的伊奥离木星非常近。这使得这颗小小的卫星和其他伽利略卫星一样受到了木星强大引力的吸引。这种巨大的吸引力产生了大量的热，使得伊奥成为太阳系里火山活动最活跃的一颗星体。

伊奥

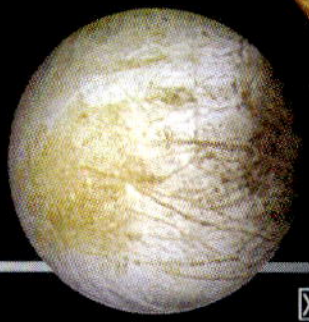
欧罗巴

◀土星环主要由冰和尘埃组成。

天王星是什么颜色的?

天王星是蓝绿色的，这种颜色是由名叫甲烷的有毒气体形成的。甲烷之下的云层把照到天王星上的光反射回来。甲烷层吸收了被反射的太阳光中红光的部分，而蓝光就透过去了，因此这颗行星呈现出这种独特的颜色。

▲由哈勃太空望远镜提供的数据生成的天王星伪彩图。这张图显示了天王星周围围绕着4个大环。

什么是大红斑?

木星是一颗充满风暴的行星。木星上的风速比地球上飓风的风速还要快5倍。木星上最大的风暴就是大红斑。英国科学家罗伯特·胡克于1664年第一次发现了大红斑。之后的300多年，大红斑一直存在。

◀大红斑十分巨大，里边能装下3个地球。

更多相关知识 ▶ 太阳和太阳系10-11 ■ 岩石行星12-13 ■ 空间探索20

彗星和小行星是怎样形成的？

小行星和彗星被认为是45亿年前形成太阳、行星和卫星的巨型气体尘埃云的残余物。绝大多数小行星的轨道都位于火星和木星之间的区域，这一区域被称作小行星带。

小行星很危险吗？

过去，小行星经常让人们害怕，直到今天人们仍然对它们很担心。万有引力可能使小行星脱离自己原来的轨道，朝另外的方向飞过去。人们认为，大概6500万年前，一颗小行星撞在了地球上，造成了恐龙灭绝。如果像小行星这种大块的岩石或是冰冻的雪球撞在地球上，很可能会造成严重的破坏和巨大的潮汐波。

彗星是什么？

彗星是“脏脏的雪球”，也就是一大团混合了尘埃和岩石的冰块，还掺杂了冻结的二氧化碳、甲烷以及氨气。大多数彗星都在太阳系遥远的边缘，在海王星轨道以外被称作柯伊伯带的地方。科学家们估计柯伊伯带中存在着超过100千米的大号彗星。此外，更大的被称作奥尔特云的区域也是数以亿计的彗星的根据地。奥尔特云的位置紧挨着柯伊伯带的终点。一些彗星绕太阳旋转的轨道离地球轨道很近。地球有时也会穿过彗星的尾巴，这会形成夜空中绚烂夺目的流星雨。

生命的基石

很多科学家认为组成地球生命的那些成分来自40多亿年前撞击地球的那些彗星和小行星。生物细胞由4种基础有机分子构成，这些有机分子中包含了碳原子链。一些科学家认为，彗星给地球带来了有机化合物，从这些化合物中诞生了最早的生命形式。

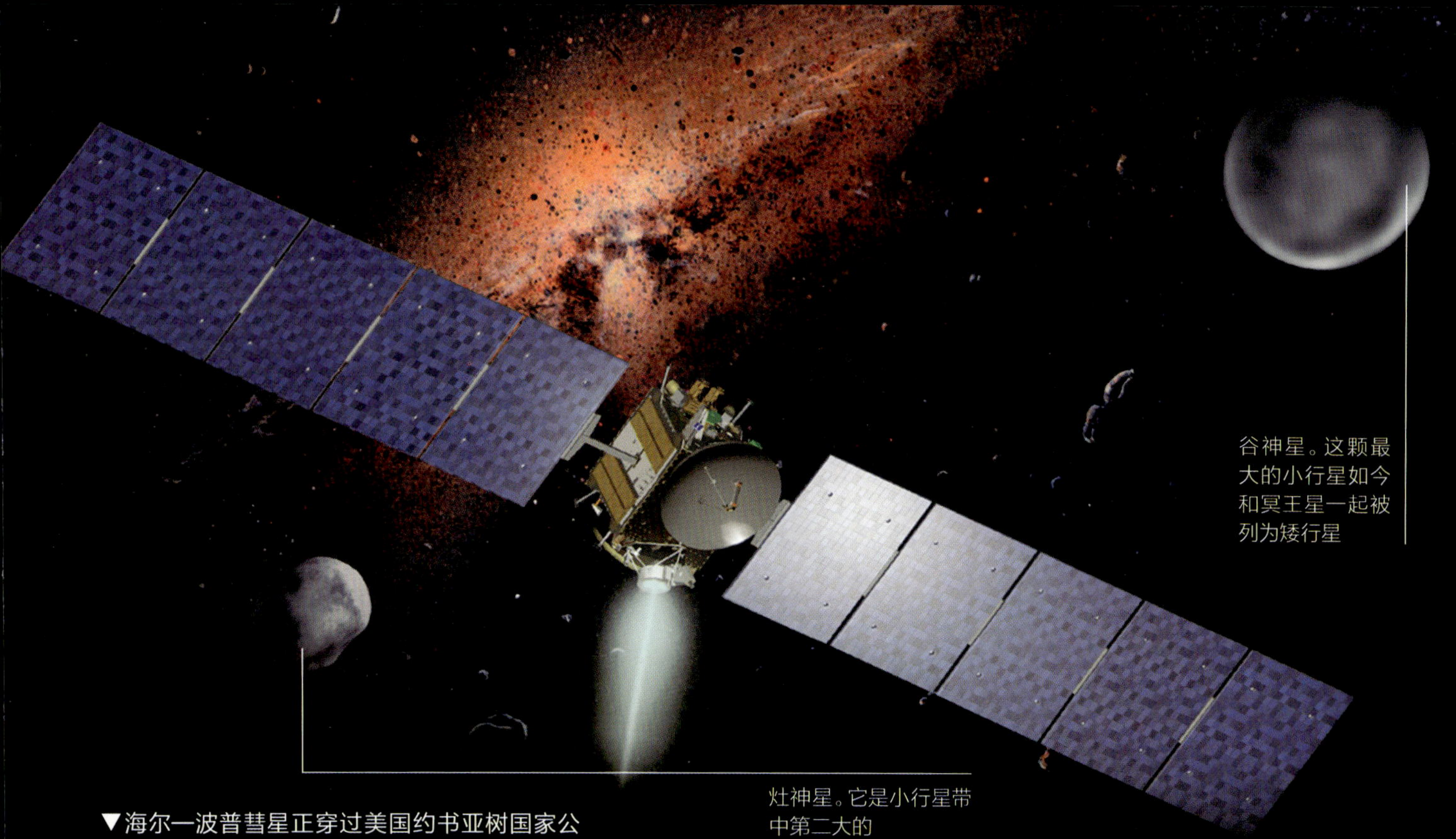

▼海尔一波普彗星正穿过美国约书亚树国家公园印第安湾营地的巨石阵上空。

哪颗小行星最大?

小行星带中有几百万颗小行星。一些小行星只有几米长，另一些直径能达到几百米。最大的小行星是谷神星，科学家估计谷神星的质量相当于所有小行星加起来的三分之一。小行星也有卫星。1993年，美国国家航空航天局的伽利略飞船发现了一颗1.6千米宽、名叫达克提尔的卫星正围绕着一颗30.6千米宽、名叫艾达的小行星旋转。

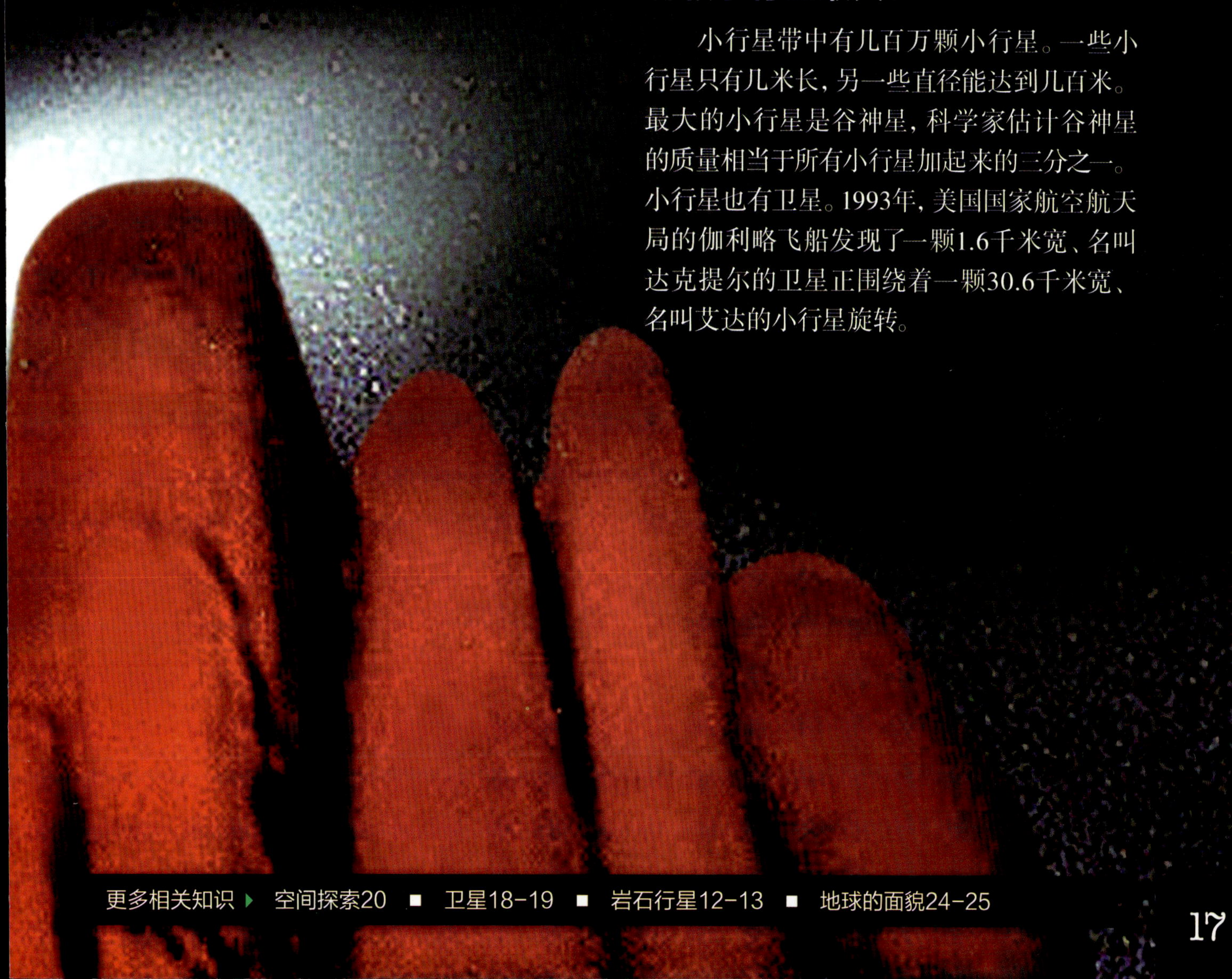

更多相关知识 ▸ 空间探索20 ■ 卫星18-19 ■ 岩石行星12-13 ■ 地球的面貌24-25

太阳系中只有一颗卫星吗？

卫星是指所有围绕着行星旋转的天然天体。它们绕着行星转，就如同行星绕着太阳转。地球只有一个卫星，火星有两个，水星和金星没有卫星，木星有超过60个卫星。天文学家们把地球的卫星叫做“月球”。

月球对地球有吸引力吗？

潮汐就是由月球对地球的吸引力造成的。这种引力使得对着月球的那面海洋鼓出来，这就是高潮。离月球最近的那一点潮汐也最强。地球背对着月球的反面也会涨潮，但因为它离月球最远，因此潮汐也弱。两个涨潮区域之间的地方水面下降，这就是低潮。

白天我们能看见月亮吗？

白天太阳光太亮了，盖过了月亮柔和的光芒，因此我们总是在晚上才看见月亮。

▼阿波罗17号是最后一次载人登月行动。此后就再也没有人登上过月球了。

阿波罗17号的指令长宇航员尤金·A.塞尔南在月球上开着月球车

月球车能装两个宇航员和他们的装备。在阿波罗15号、16号和17号上都装备了月球车以探索月球表面

为什么有些晚上我们看不见月亮呢？

◀这是一系列照片的拼贴，拍摄于2003年11月9日月食的时候。

我们在地球上看见的月亮的形状总是在改变。月亮形状的改变称为月相。看不见月亮时的月相称为新月，或者说“朔”。在朔的时候，月球对着地球的那一面接受不到太阳光。随着月球在天空中运行，它的一部分逐渐开始变得能看见了，直到月球转到了地球的另一面正对太阳的时候为止。这时的月相称为满月，或者说“望”，此时我们能看见圆圆的整个月亮。

什么是月球的暗面？

月球自转和绕地球旋转的时间是一样长的。所以，我们总是只能看见月球的一面，这一面我们称之为近地面。我们永远看不到的另一面称作远地面，也就是暗面。

什么是大潮和小潮？

当太阳、月球和地球在一条直线上的时候，太阳的引力会加在月球的引潮力上，这时潮会比一般的时候更高，这就是大潮。当太阳、月球和地球成直角的时候，太阳的引力会削弱月球的引潮力，因此就会产生小潮。

南中央脊的东部边缘，南中央脊是月球上最大的山脉之一

月球表面是光滑的吗？

月球不像地球那样有一层保护自己免受流星和小行星撞击的大气层。这些来自太空的岩石砸在月球表面上就形成了环形山。第谷环形山是月球上最大的环形山之一，宽度超过85千米。

蓝月亮

“蓝月亮”是指一个月中第二次出现的满月。两次满月之间要间隔29.5天，所以一个月出现两次满月很少见。只有第一次满月出现在一个月的第一天或者第二天的时候，这个月才有可能出现两次满月。

更多相关知识 ▶ 小行星和流星16-17 ■ 空间探索20 ■ 大海与大洋26-27

太空中没有重力吗？

太空中所有的东西彼此之间都有万有引力。尽管如此，像月球这样的天体引力要比地球小很多。这就是为什么人和其他东西在月球上都显得轻飘飘的。重力缺失的状态叫做失重或微重。

▲为了摆脱地球引力，航天飞机要以每秒钟11千米的速度飞行。

航天飞机是怎么飞到太空的呢？

航天飞机由一个轨道器、两个助推火箭和一个外部燃料箱组成。助推火箭用来把航天飞机送上太空，当飞到45千米高的时候，火箭分离并坠入大洋，航天飞机的三个主发动机启动。在轨道器进入轨道之前，发动机关闭并扔掉外部燃料箱。

▶宇航员的衣服带有一个装满氮气的背包，这种衣服叫做人控机动装置，英文缩写是MMU。这个背包能帮助宇航员在太空中飞来飞去。

我们可以住在太空吗？

宇航员在空间站里能住很久。空间站绕着地球飘来飘去。空间站是一种飞船，它能让宇航员住上几星期、几个月甚至几年以便从事研究。和航天飞机不同，空间站不能自己从地上起飞。因此人们用航天飞机把人和其他东西带上空间站或者把他们从空间站带回地球。

许许多多次日落

绕地球飞行的航天飞机上的宇航员们每天能看见16次日出和日落！这是因为在轨道上的航天飞机以每小时28000千米的速度绕地球旋转，只要90分钟就能绕轨道一周。

更多相关知识 ▶ 月球18–19 ■ 力136 ■ 航天器148

我们的地球

地球有多大年纪了？

地球诞生于大约45亿年前。当太阳形成的时候，它周围高温的气体和尘埃云开始凝聚成团。这些高温的气体和尘埃慢慢形成了各个行星，当然也包括我们的地球。地球是离太阳第三近的行星，也是唯一一个有生命的行星。

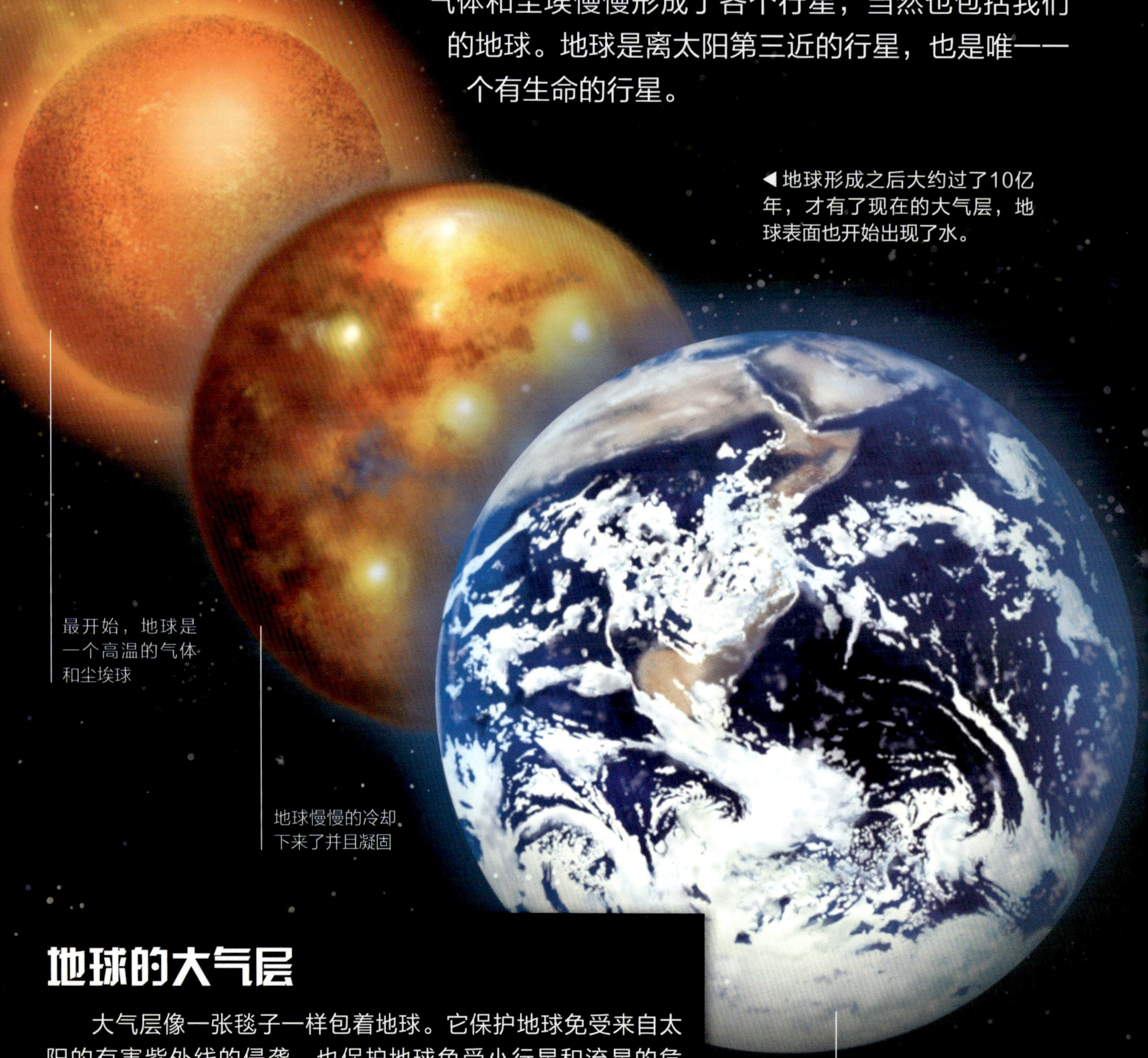

◀地球形成之后大约过了10亿年，才有了现在的大气层，地球表面也开始出现了水。

最开始，地球是一个高温的气体和尘埃球

地球慢慢的冷却下来了并且凝固

地球现在的模样

地球的大气层

大气层像一张毯子一样包着地球。它保护地球免受来自太阳的有害紫外线的侵袭，也保护地球免受小行星和流星的危害。大气层的存在使得地球有了天气变化。没有大气层地球上就不会有生命。和地球表面一样，大气层可以分为很多层，包括对流层、平流层、中间层、热层和外逸层。这些层是依据温度和密度来划分的。大气层中主要包括氮气、氧气、二氧化碳、水蒸气以及极少量的其他气体，如氩气、氖气和氦气等。

地球里面什么样？

地球由很多层组成。最上面的一层叫做地壳，和其他几层相比这一层比较薄。我们就住在地壳上。地壳下面的那一层充满了滚烫的岩浆，这一层叫做地幔。地幔的温度高达3700° C。地球最里面的一层叫做地核，它在地幔的下面。地核的外层，也就是外核，主要由熔化的金属组成。内核则是一个铁和镍组成的固体球。内核的温度大约是7000° C，但由于内核的压力非常大，因此金属不会熔化。

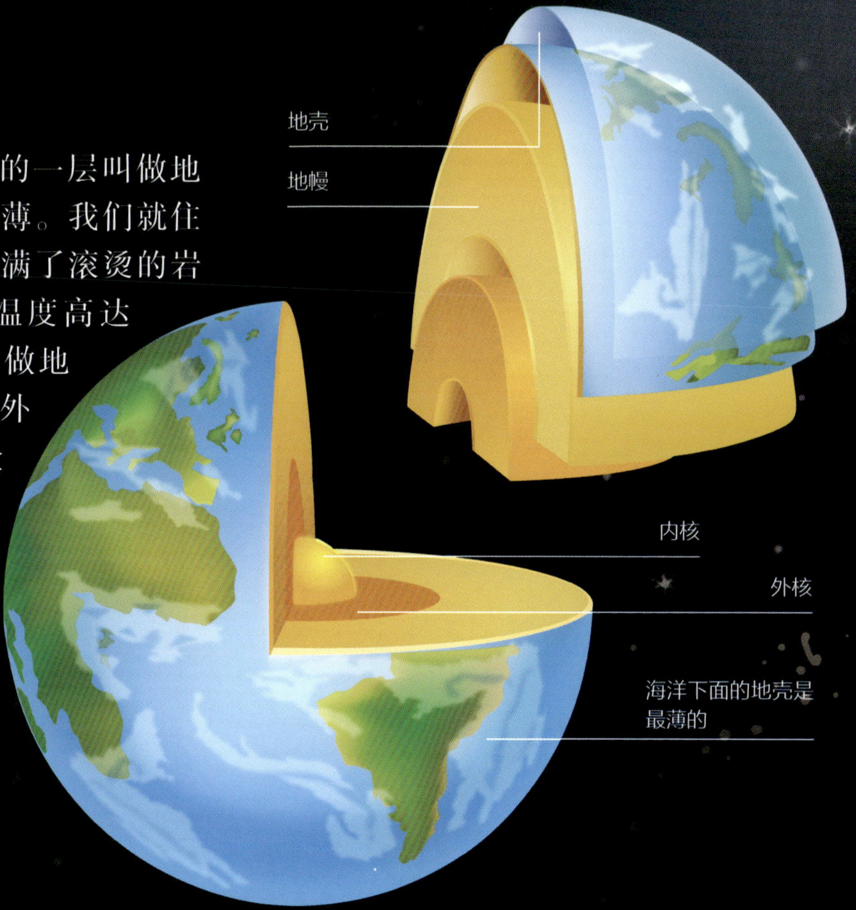

▶ 地球的各层中地幔最厚，地壳最薄。

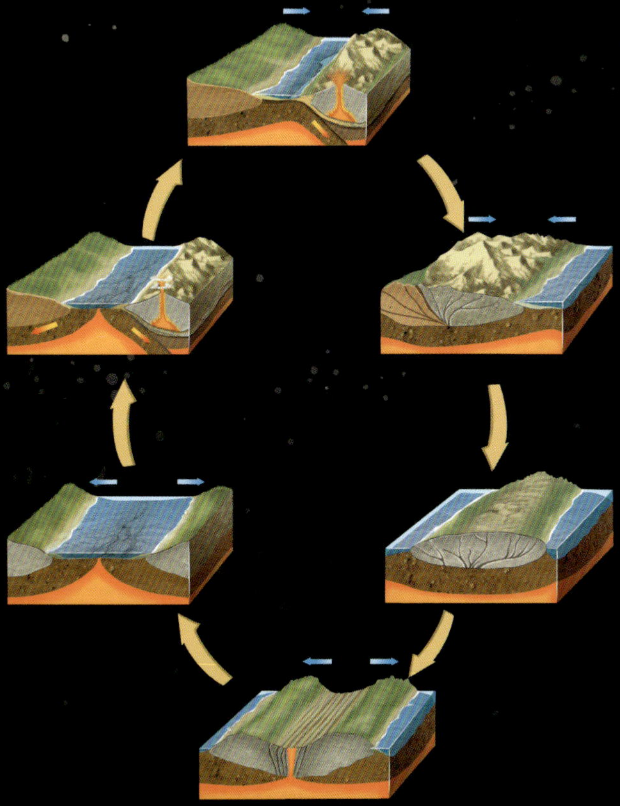

▲ 威尔逊旋回显示了地壳的运动如何创造大洋或是使大洋消亡。

只有陆地上有地壳吗？

海洋下面也有地壳。地壳组成了海床，海中的地壳比陆地上的要薄。大陆和岛屿也在地壳上形成。由于地壳在运动，所以大陆也在运动。事实上，几百万年前还没有所谓的七大洲。最开始，只有一个整块的巨型大陆，这就是泛古陆。泛古陆被一个巨型大洋所包围，这就是泛大洋。地球的构造板块不停运动，使得泛古陆分裂为劳亚古陆和冈瓦纳古陆。无休止的板块运动使得这两块大陆变成了更小的几块，也就是我们今天的七大洲。

地壳是固定在一个地方不动的吗？

地壳一直在运动。地壳实际上是由20多个被称为构造板块的块块所组成的。这些板块漂浮在液态的地幔上面。当板块之间彼此分离的时候，地幔里高温的熔岩就会喷到地壳上来，形成火山。

更多相关知识 ▶ 小行星和流星16-17 ■ 大海与大洋26-27 ■ 火山34-35

山脉是怎样形成的？

山脉是由两个构造板块互相碰撞或是滑动形成的。力量越大，形成的山脉就越高、越扭曲。山顶经常积雪，山坡常有茂密的森林，许许多多的河流从这里流出。除了冰川和湖泊之外，山峰的高处终年冰封。最著名的山脉有喜马拉雅山脉、阿尔卑斯山脉、安第斯山脉和落基山脉等等。

◀ 山脉是大地面貌中最为年轻的部分，而且它们还在不断生长。

什么是山谷？

山谷是由山脉或小丘包围的低地。山谷是由于经过的河流侵蚀土地而形成的。当河流从山上流下时，它像一把刀子一样切开地面。花上几千年的时间，河流就能把一片土地侵蚀成河谷。当冰川从山上流下的时候，它们会携带大量的石块，这些石块摩擦冰川的河床，形成U型谷。

冰川常常会形成U型谷

悬谷是主山谷的支谷

河流经常会形成V型谷

▼“岩石浪”是一处令人震惊的岩石构造，位于美国犹他州和亚利桑纳州边界上的波帕利亚峡谷。

峡谷是一种山谷吗？

峡谷是悬崖之间深深的山谷。当风或水流侵蚀掉较软的岩石时，砂岩或花岗岩这类较硬的岩石就会留下来，因此形成了峡谷。峡谷在干旱的地区比较常见。水下峡谷是在水底形成的，经常在河口附近出现。那些两壁光滑的狭窄峡谷称为槽孔峡谷。

▲美国亚利桑那州的羚羊峡谷是最著名的槽孔峡谷之一。

山洞是什么？

山洞或洞穴是一种空洞，它们可能出现在大块的岩石上、海边的悬崖上、山脉的斜坡上或者小山坡上。水落在沉积岩上，溶解了其中的钙，于是形成了这些空洞。当岩石破裂分离的时候形成山脉和小山坡，在这些山脉和小山坡中就会留下空洞。

◀喀斯特地形的形成原理和山洞是一样的。都是由包含石灰石、白云石或大理石的岩石被水溶解而形成的。

大裂谷

在东非的大裂谷中，人们发现了许多我们人类祖先的骨头和化石。例如，曾经生活在300万年前的南方古猿露西的骨架。在这里还发现了脉络猿和仲山纳卡里猿两种100万年前的古猿化石。这些古猿能够直立行走，也能爬树。科学家们期待能在这片土地上继续寻找到关于人类早期历史的更激动人心的发现。

更多相关知识 ▶ 大海与大洋26–27 ■ 非洲60–61 ■ 早期人类178

大洋的底部是平的吗？

大洋的底部和水面上的陆地差不多，也有火山、峡谷、高原、沟渠和平原。一些水下的山脉甚至比地面上最高的珠穆朗玛峰还要高。大洋底下也有比地面上最长的安第斯山脉还要长的山脉！

大洋是平静的吗？

大洋从不平静，它充满了海浪、潮汐以及洋流。月球和太阳的万有引力产生了海洋表面有规律的起起落落，这就是潮汐。洋流是朝着一个方向运动的一大团海水。表层洋流是由地球自转和风造成的，水下洋流则是海水温度和含盐度差异造成的。海浪是由风引起的。

▲海浪是由风吹过海面形成的，海浪中水分子是绕圆圈运动的。

什么是海蚀柱？

有时，海浪会从两个方向拍击海角，这就会使得海角的两边都出现洞穴。当两个面对面的山洞连在一起的时候，就会形成海蚀拱。海蚀拱的顶端就像一座桥一样把海角和陆地连在一起。经过很多年的侵蚀，海蚀拱会破裂并掉下来，留下孤零零的一根岩石柱。这根岩石柱就是海蚀柱了。

◀澳大利亚维多利亚州的“十二使徒”就是一种海蚀柱。

▲阿兰群岛的锯齿状悬崖中有一些爱尔兰最为古老的考古遗迹。

海边悬崖是怎么形成的?

波浪持续不断的冲击巨大岩石的表面就会形成海边悬崖。首先，在某个薄弱点会出现一个小小的缺口，随着时间流逝，缺口会逐渐变大，直到顶部掉下来。悬崖最底部的较软岩石会先被侵蚀，然后逐渐扩展到顶部。

大洋里真的有“烟囱”吗?

大洋里有所谓“热泉”，也称为“热液喷口”。当水流进地壳的裂口时，会被下面的岩浆加热。随着地壳上的压力不断增大，热水从大洋底的裂口喷出来，形成热液喷口。当滚烫的水接触到了上面的冷水，烟囱一样的热水流就形成了。

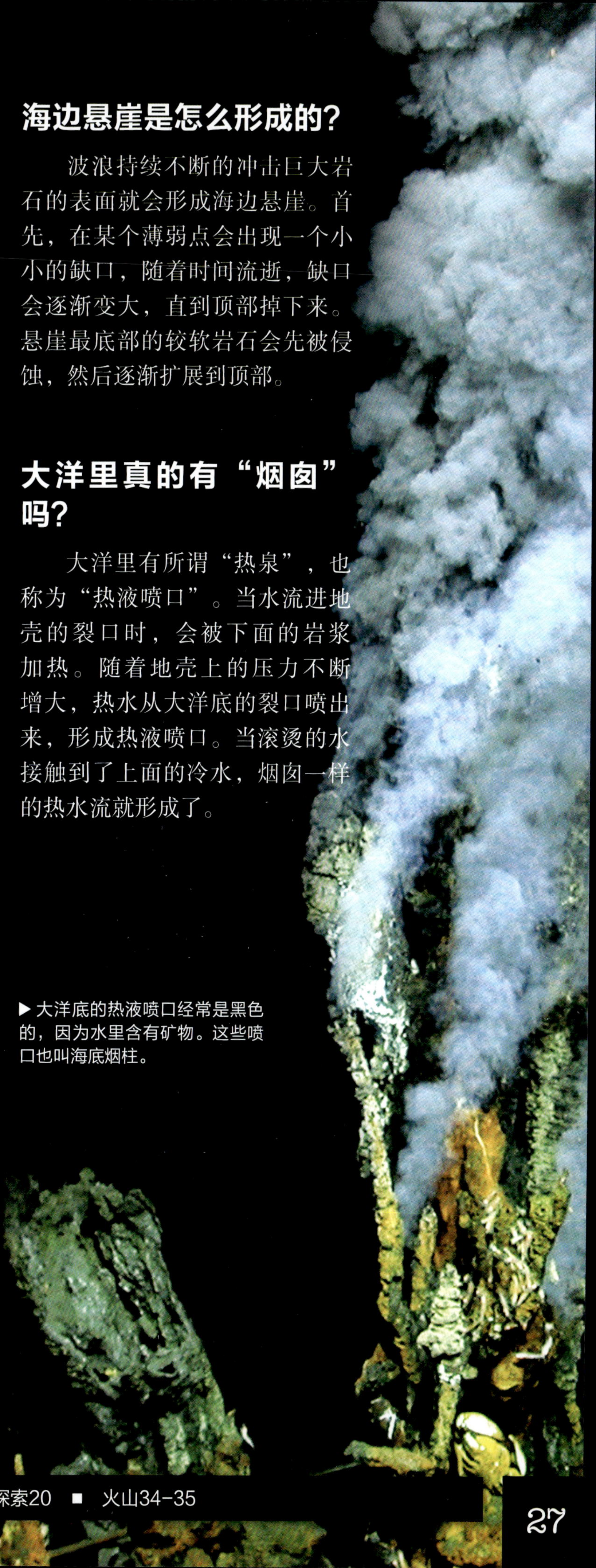

▶大洋底的热液喷口经常是黑色的，因为水里含有矿物。这些喷口也叫海底烟柱。

海洋生物

海洋中的生命离不开阳光。根据接受阳光的多少不同，大洋分为透光层、弱光层和午夜层。透光层深600米左右，90%的海洋生物生活在透光层。600米到3000米深的范围是弱光层，阳光更加微弱，水压也更大。弱光层的动物比较少，而且弱光层也没有植物。大洋的90%是完全黑暗而且冰冷的，这就是午夜层。大多数生活在弱光层和午夜层的动物会发光。

◀橙色杯珊瑚生活在浅海珊瑚礁中。

更多相关知识 ▶ 太阳和太阳系10-11 ■ 空间探索20 ■ 火山34-35

为什么热带雨林很重要呢？

全世界动植物中的绝大多数都生活在热带雨林中。雨林可以保存并积蓄大量的雨水。由于温度够高、有足够多的水而且土壤肥沃，因此雨林里的常绿树和其他各种植物都十分繁茂。这些郁郁葱葱的植物吸收了二氧化碳，在相当大的程度上阻止了全球变暖。

▶ 亚马逊丛林中生活了很多巨型蛇类，例如水蟒和森蚺等。

▲巨嘴鸟是亚马逊丛林中已经发现的1294种鸟类中的一种。

热带雨林可以分为多少层？

科学家把雨林分为5层，也就是地面层、灌木层、幼树层、树冠层和露生层。露生层是雨林独有的结构。露生层中有一些高度达到45米以上的巨树。树冠层覆盖于其他各层之上，这一层中树木和藤蔓紧紧纠缠在一起。幼树层能够接受到的阳光就很少了。灌木层基本上都处于阴影之中。地面层则被厚厚的落叶所覆盖。

最大的热带雨林是哪个？

亚马逊丛林。它位于南美洲，面积达到550万平方千米，绵延数国，包括巴西、秘鲁、哥伦比亚、委内瑞拉、厄瓜多尔、玻利维亚、圭亚那、苏里南及法属圭亚那。亚马逊丛林拥有世界上最多的动物和植物种类。

▼亚马逊丛林是400种以上哺乳动物的家乡，美洲豹就是其中之一。

▲大约50万亚马逊印第安人生活在热带雨林中。

亚马逊丛林里没有人居住吗？

绝大多数人都住在丛林边缘地带的城镇里。尽管如此，也有一些土著部落把森林当作自己的家。这些人依靠丛林获取食物和住所，在这艰苦的环境中舒舒服服的生活下来。

▲人们砍伐热带雨林的树木，用来制作家具和其他木制品。

为什么热带雨林处境危险？

雨林是木材、药用植物以及各种珍稀动物的主要产地。为了获得这些宝贵的资源，人们破坏雨林。伐木业是热带雨林的最大威胁之一。从20世纪初开始，人们就不断砍伐雨林把它变成农田。

独一无二的生命

雨林中的植物在雨林的不同地方以不同的形式生活着。雨林的地面层总是笼罩在阴影之中，被落叶和腐殖质所覆盖。由于雨林中没有空间让植物向四面生长，因此为了获得阳光，植物只能努力向上长。幼树层的植物包括一些草本植物、蕨类植物以及小灌木。在树冠层，树长得非常非常高，藤蔓缠绕在树上。树叶比较小，以防止水分流失。兰科和凤梨科植物生长在树冠层顶部。露生层的树木往往长有粗壮宽阔、互相纠缠的根和枝条，这些根和枝条可以支撑这些树长得更高以便获取阳光，也使得它们能够抵挡从雨林上方吹过的风。

更多相关知识 ▸ 南美洲46-47 ■ 南亚56-57 ■ 植物208-209

炎热的沙漠位于什么地方？

世界的三分之一被沙漠所覆盖。最大的沙漠是位于北非的撒哈拉沙漠，它涉及12个国家，面积达到900万平方千米。最干燥的沙漠是南美的阿塔卡马沙漠，这座沙漠中的一些地方已经400多年没下雨了！海拔最高的沙漠是亚洲的戈壁沙漠。沙漠大多位于赤道南北的亚热带地区。年降雨量小于250毫米的干旱平地都是沙漠，有的沙漠是部分沙质的，有的布满小碎石，有的则由较大的岩石组成。

▲沙漠中的绿洲提供了遮荫之处、食物和水。生活在撒哈拉沙漠中的人们有三分之二住在绿洲附近。

为什么沙漠这么干旱呢？

由于沙漠位于远离大海的地方，或者位于高山的“雨影”区域内，因此沙漠很少下雨，甚至几乎不下雨。当气流抵达远离大海的地方或是翻过高山的时候，气流中所含的绝大多数水早就已经变成雨下完了。沙漠的表面很干燥，因此太阳光直射地面，阳光的绝大多数热量都被吸收了，这使得地面变热，于是沙漠就变得更干燥了。最后，只有很少很少的水留下来了。沙漠丢失的水多过沙漠获得的水。

沙漠爬行动物

许多爬行动物很好地适应了沙漠严酷的自然条件。它们能够调节体温并能在极端炎热的环境中活下来。这些动物厚厚而且有鳞的皮肤有助于减少蒸发，以便储存水分。光是撒哈拉沙漠中就生活着大约95种爬行动物，包括蛇、蜥蜴和龟类等等。

动物怎样在沙漠中活下来?

沙漠中的动物能够忍受高温，并且能够储存水。一些动物从各种植物以及这些植物的种子中获取水分。很多动物，例如沙鼠，白天躲在地下的洞里，只有晚上才出来。铲足蟾每年有9个月的时间躲在地底。在沙漠中，你可以找到响尾蛇、猫鼬、野兔、千足虫、甲虫、蜂鸟、走鹃、土狼、猫头鹰、蜥蜴、骆驼等等许多动物。

▲猫鼬生活在南非的沙漠中。

为什么骆驼有驼峰?

骆驼有两种，只有一个驼峰的骆驼是单峰驼，有两个驼峰的叫双峰驼。驼峰里面实际上是脂肪，这使骆驼在没有食物的时候也能活下来。骆驼是沙漠动物中最重要的一种，它可以驮着人们在沙漠里旅行。

▲骆驼可以一个星期不喝水。它们一次能够喝下50升水，甚至盐水也没问题。

生活在沙漠里

贝都因人是生活在沙漠中的阿拉伯人。贝都因人曾经过着游牧的生活。然而现在绝大多数贝都因部落都定居在沙漠小镇中了。

▶贝都因人主要居住在撒哈拉沙漠和阿拉伯沙漠中。

更多相关知识 ▶ 南美洲46-47 ■ 非洲60-61 ■ 爬行动物196-197

什么是“寒冷的沙漠”？

地球的极地被称作“寒冷的沙漠”。极地几乎没有植物生存。南极是世界上最寒冷、最干燥、风也最大的地方之一。北极仅仅比南极略略暖和一点。极地十分寒冷，绝大多数地方都是冰冻的，因为极地是地球上接受阳光照射最少的地方。大多数照在极地上的阳光都被冰和雪反射掉了。南极点和北极点分别位于冰封的南极和北极的中心。

▲北极地区能够看到美丽的北极光。

▼除了几个考察站外，南极没有人类的永久定居点。

▲在极地，夏天24小时太阳不落，而冬至的时候全天都是黑暗的。

冰雪之中有植物吗？

南极地区的植物绝大多数都是苔藓、地衣和地钱类植物。南极半岛有一些草以及开花植物。南极既没有树也没有灌木。北极地区的植物主要是苔藓和地衣。北极也有一些草、矮灌木和矮树。在北极短暂的夏天，许许多多的开花植物到处生长。

极地有人居住吗?

因纽特人是生活在北极苔原上的原住民。在加拿大、阿拉斯加（美国）、西伯利亚（俄罗斯）和格陵兰都有他们的身影。很多因纽特人乘坐狗拉雪橇穿行于雪地，这种狗就是哈士奇狗。因纽特人猎捕海豹、鲸、北极熊、驯鹿、鸟类以及其他动物。他们也进行毛皮贸易。很多因纽特人已经适应了现代生活方式。

▶ 狗拉雪橇常常被更快、更经济的雪地摩托所取代。

空气中的钻石!

在极地，当地面之上的热空气与地面附近的冷空气混合在一起的时候，就会形成一层薄薄的水蒸气的云。由于天气寒冷，小水滴变成冰，看起来就像是无数微小的钻石。这种闪闪发光的雾被称作“钻石尘”。

动物是怎么在这么冷的气候中生存下来的?

极地动物十分适应极端寒冷的环境。鲸和海豹身上有厚厚的脂肪层用来保暖。很多鱼类和昆虫的血液里含有天然的抗冻蛋白质。一些动物有厚厚的皮毛，这些皮毛在冬季会变得更厚，颜色也会发生变化。

◀ 一些动物会冬眠，以便保存能量度过严酷的冬天。

更多相关知识 ▶ 天气38-41 ■ 熊182-183 ■ 水上运动和雪上运动116-117

什么是火山？

火山是地球表面的裂口，从这个裂口中喷出熔岩、火山灰以及各种气体。当大洋下面的构造板块撞进大陆板块的时候，较重的大洋板块滑向下方。突如其来的运动会产生大量的热，这些热量会融化一部分大洋板块。于是，地下就会形成岩浆，也就是熔化的岩石。岩浆会在地下积累，形成“岩浆房”。当岩浆房中积累了大量岩浆时，其内部的压力就会导致火山爆发。

火山的诞生

墨西哥帕里库廷火山是世界上唯一一个从最开始形成一直到停止喷发的全过程都被人们观察到的火山。1943年这个火山开始出现，刚开始只是玉米地里的一个小裂缝。24小时之后，它变成了高达50米的小火山。接下来的9年里，这座火山不停的喷发，到它停止活动的时候，它已经长到超过2800米了。

▼火山喷发可能是破坏性的。但是这个过程也会制造出肥沃的土壤。

火山有多少种？

根据它们的活动状态，火山可以分为活火山、休眠火山和死火山。火山也可以按照形状来分类。盾形火山比较矮，坡度也比较平缓。盾形火山的喷发一般比较温和。复式火山是由一层层的熔岩和火山灰组成的。复式火山喷出的东西往往是熔岩、火山灰以及蒸汽的混合物，而且它们流淌的速度非常快。其他种类的火山有成层火山、集块火山锥、破火山口、火山区、圆顶火山、裂隙喷火口以及海底火山等等。

什么是热喷泉?

地壳下面的地幔充满了灼热的岩浆。当地面的水流到这一区域的时候就会被加热。随着水变得越来越热，这里的压力也会变得越来越大，直到水从地表的裂缝中喷出来为止。这些喷出来的热水就是热喷泉。热喷泉经常出现在火山附近，或者火山活动强烈的地方。世界上大多数的热喷泉位于冰岛、新西兰和美国。

▲美国黄石国家公园有300多个热喷泉。

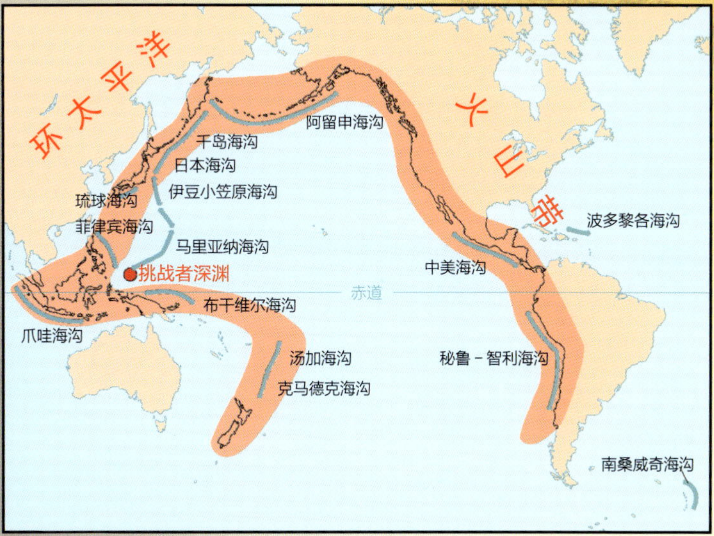

▲世界上最大的那些火山大多数都在太平洋周围。

火山大多位于什么地方呢?

全世界到处都有火山，火山经常在板块的边缘形成。除此之外，火山也能在称之为“热点”的板块的其他地方形成。热点是地幔中大量岩浆生成的区域。岩浆从地壳的小裂缝中冒出来就形成了火山。热点的位置是不变的，由于板块本身在不断运动，因此就会形成一长串的火山。加拉帕戈斯群岛就是这样形成的一系列火山山脉。

什么是环太平洋火山带?

太平洋是由巨大的太平洋板块和另外三个较小的板块组成的。这些大洋板块的边缘紧邻一些大陆板块，因此很容易产生火山活动。这些地区被称作环太平洋火山带，它穿过新西兰、亚洲东海岸、阿留申群岛、北美西海岸和南美西海岸。

▶火山机器人是用来帮助科学家探测火山的机器人系统。

更多相关知识 ▸ 地球的面貌24-25 ■ 大海与大洋26-27 ■ 地震和海啸36-37

地震是怎么产生的？

地球的表面是由很多巨大的板块组成的，这些板块经常滑动。当它们滑着滑着撞在一起的时候，就有可能会卡住。这时来自地球内部的压力就会不断积累，直到板块突然沿着它们的边界重新滑动为止。这一过程会释放出累积的压力，使得地壳摇晃和震动。

▶地壳的裂缝经常出现在板块相遇的地方，这些裂缝称为断层。地震经常发生在断层线上。

▼地震可以改变地表的面貌，地震能够产生陡峭的悬崖，也能在地面造成巨大的裂口。

地震到底有多么危险？

地震可能非常具有破坏性。剧烈的地震可以摧毁房屋和桥梁，可以把人掩埋在废墟下面。地震可能造成燃气管线和电线破损，因此可能造成大火，火势有可能持续很多天。地面的剧烈震动可以造成土壤液化现象。在这种情况下，疏松、潮湿的土壤或沙子变成流沙状的泥浆，这种泥浆可以吞没整个建筑物。地震也会导致山体滑坡和雪崩。

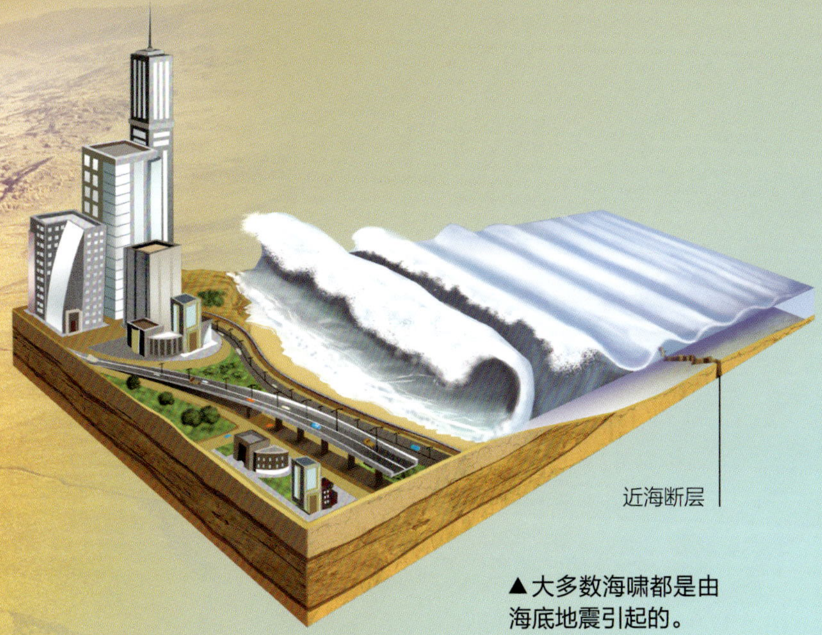

▲大多数海啸都是由海底地震引起的。

什么是海啸?

英文中的“海啸”一词来自日语，意思是“海港的巨浪”。海啸是一种巨型海浪，也有可能是一连串这样的巨浪。海啸是由地震、火山爆发、海面或海底的剧烈扰动等等引起的。这种巨大无比、速度特别快的大浪可以把海边的人或其他东西统统卷走。2004年12月席卷东南亚的灾难性海啸是由一次强烈海底地震造成的。

地震和海啸可以预测吗?

科学家们可以估计什么地方、什么时候有可能会地震。但是目前为止还没有可靠而准确的方法预测地震。我们最多只能把房子建得更结实以防万一。尽管如此，科学家们已经在监测和预报海啸方面取得了很多进展。

▲开阔海面的浮标和海岸波潮仪都可以检测到海啸。

测量地震强度

人们用里氏震级来衡量地震的强度。这种方法是美国著名地震学家查尔斯·F.里克特和德国科学家柏诺·古登堡两人于1935年提出的。里氏震级用从1到10的数字来衡量地震的强度。测量地震强度和位置的仪器叫做地震仪。这种仪器中有一种称为地震计的传感器。哪怕最轻微的地面震动也会被地震仪监测到。

▶地震局可以检测地震活动并发布早期预警。

更多相关知识 ▶ 蓝色的行星22-23 ■ 大海与大洋26-27 ■ 火山34-35

什么是天气？

刮风、下雨、晴天等等都是各种天气。天气是热量从地球的一个部分转移到另一个部分的自然体系。巨大的气团在地球表面运动，这些气团或冷或热、或干或湿，它们可能带来水分，也可能把水分带走。当不同的气团相遇的时候，就会发生最为多变的天气现象。

什么是气候？

气候是一个地区长期的天气状况。气候包括年平均气温和年平均降水量等等。极地、热带、赤道地区等等都有典型的气候特征。一个地区的气候取决于这里离赤道有多远。赤道附近能够得到最多的阳光照射，而极地则最少。至于天气，则是大气层中的运动引起的，天气是经常变化的。不同的地区，降水量也是不一样的。

◀极地常年严寒，被冰雪覆盖。

◀赤道附近的国家属于热带气候，天气经常很温暖。

为什么会有白天和黑夜？

地球的自转轴，也就是地轴，是穿过南极点和北极点之间的一根假想线。这根线略略向一侧倾斜。这就是为什么两个极点也有阳光。如果地轴是垂直的，那么两个极点就都没法被阳光照到了。在任意一个指定的时间点上，地球总有一半正对着太阳，这一半就处于白天。另一半背对太阳的就处于黑夜了。

▼纽约的日落。这意味着地球的这部分地区要背向太阳了。

什么是云？

水蒸气升上天空，温暖的空气可以吸纳水蒸气，但当暖空气上升并冷却的时候，这些水蒸气就会变成小水滴。如果空气足够冷，冷到零度以下的时候，水蒸气就会变成小冰晶。这些小水滴或小冰晶形成了云。随后，这些小水滴或小冰晶落下来，就形成了雨、雪和冰雹。

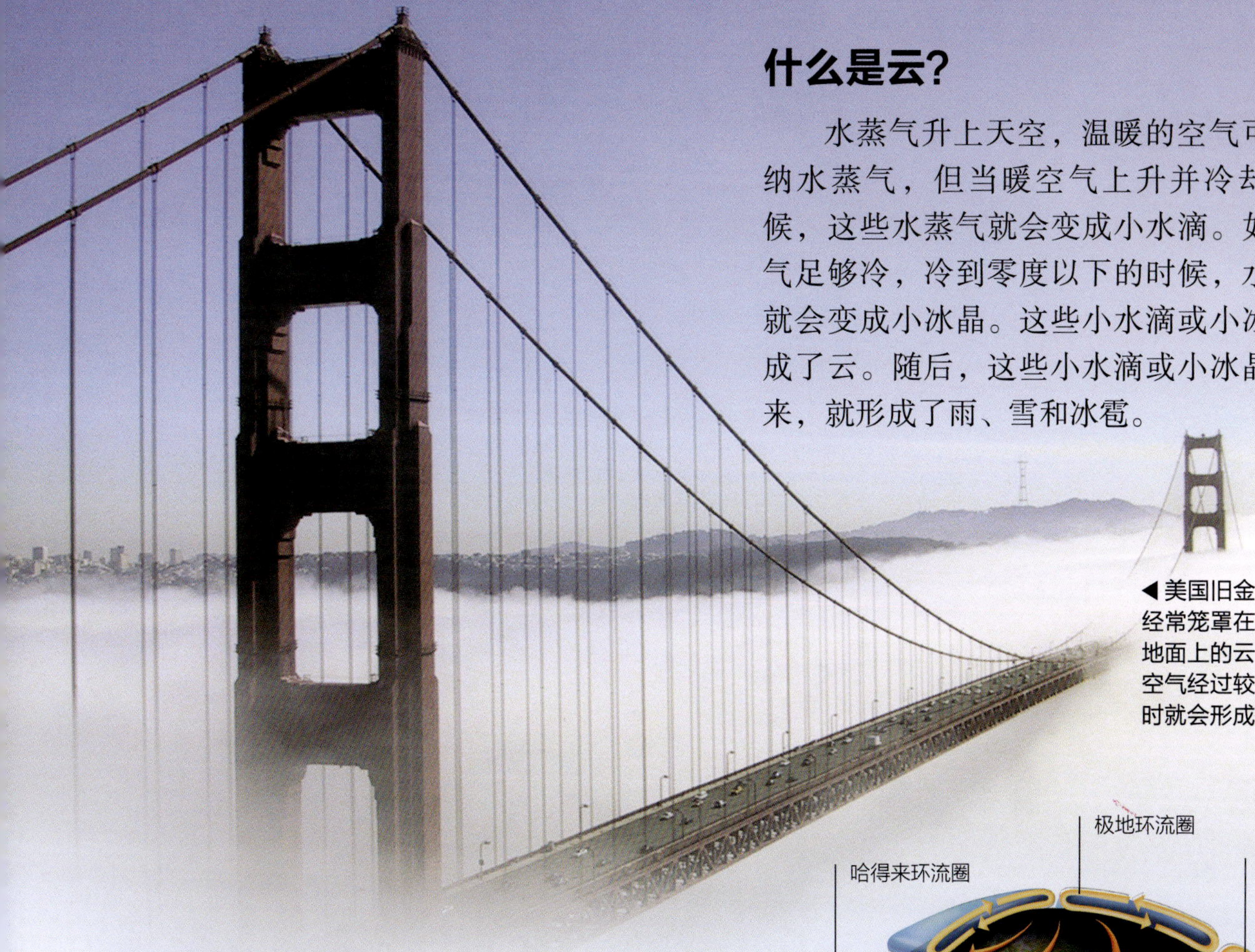

◀美国旧金山的金门大桥经常笼罩在雾中。雾就是地面上的云。当暖而湿的空气经过较为寒冷的地面时就会形成雾。

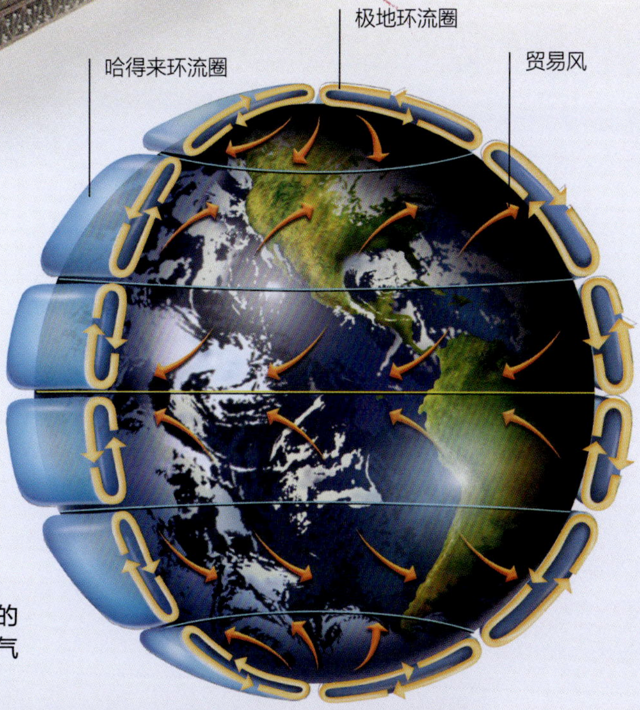

什么是气压带？

极地的空气较冷，赤道的空气较暖。这种温度的差异产生了巨大的气压差异。两极的气压比赤道高。空气从高压区域流向低压区域。这种从两极到赤道的空气运动产生了所谓贸易风。当气压变化很快时，空气流速也很快，形成强风。这些强风称为喷射气流。

▶贸易风是由哈得来环流圈引起的。赤道附近的空气上升，流向两极，然后回到赤道，这种空气流动的模式就是哈得来环流圈。

季节变化

地球倾斜的地轴产生了季节。在围绕太阳公转的全过程中，地轴始终以同一个角度倾斜。于是，在同一时间，只有半个地球被阳光笔直的照射着（南半球或北半球）。比如，一年当中的上半年大致上是北极点对着太阳的方向。在这半年中，比起南半球来，阳光更多的垂直照在北半球上，这就是夏天。与此同时，南半球照到的太阳光比较少，正处于冬天。这就是我们为什么有春夏秋冬四个季节。

更多相关知识 ▸ 太阳和太阳系10-11 ■ 蓝色的行星22-23 ■ 极地32-33

龙卷风很危险吗？

龙卷风是剧烈旋转的空气柱。龙卷风形成于雷暴中的漏斗形云之中。它最后会离开主云团并抵达地面，以极高的速度旋转（64千米/小时到177千米/小时）。龙卷风能够达到75米宽，在最终消失之前能走上几千米的距离。龙卷风中的风速能够达到480千米/小时。它能把走过的路上遇到的一切都卷起来，造成巨大破坏。水面上形成的龙卷风叫做水龙卷。

台风有眼睛吗？

台风是伴随着狂风骤雨的强劲风暴。它诞生在赤道附近的温暖海面上。湿润的空气上升起来，逐渐形成螺旋形的云，并开始下雨。台风能够以118千米/小时的风速旋转。台风有时也称作飓风或热带气旋。台风中间的平静区域叫做“眼”。台风眼被“眼墙”围绕着，眼墙的风力是最强的。上升气流产生了低压区域，更多的空气被吸进这一区域，使得台风的力量和速度都变得更强。

▲太平洋上空台风的卫星云图。

▼科学家们发出警告，全球变暖和气候变迁会造成更频繁、更严重的旱灾。

旱灾是怎么产生的？

长时间只下很少雨或不下雨的时候就会产生旱灾。旱灾可能持续数月甚至数年。旱灾使得土壤中所有水分都蒸发掉，地面开始龟裂。旱灾使得植物无法生长，农业也会受到严重影响。动物和人类都会因此面临严重的食物短缺。

野火可以被控制住吗？

当火刚开始着起来或者火势还小的时候，向火上泼沙子或用棍子扑打火焰都能起作用。飞机或直升机喷洒的阻燃剂也能灭火。大多数野火都能在蔓延开来之前被扑灭。有控制的燃烧可以烧掉干枯的树叶、枯枝、枯草，从而减少未来发生大火的可能性。

▲在美国和加拿大，野火每年要烧过大概54500平方千米的土地。

破坏的规模

藤田等级和改进藤田等级可以根据台风造成的破坏程度来给台风评分。藤田等级从EF0到EF5。EF0级会破坏树木，但不会破坏树木的主要结构。EF5级会对建筑物造成极大的破坏，甚至摩天大楼也不例外。另一种评级方法TORRO分级法将台风从最低的T0到最高的T11划分等级。

什么是雪崩？

雪崩就是雪从山坡上飞快地冲下来。暴风雪或暴风雨都会为雪崩创造条件。人类的活动也能诱发雪崩。雪崩一路冲下来，最后停在较低的地方。雪崩十分危险，能把路上遇到的一切都带走，并埋在雪下面。雪板雪崩、松雪塌陷和粉雪崩是雪崩的几种不同形态。

▲欧洲和北美每年有150人左右死于雪崩。

更多相关知识 ▸ 太阳和太阳系10-11 ■ 蓝色的行星22-23 ■ 极地32-33

什么是温室效应？

大气层将大多数太阳送来的热量又送回太空了。二氧化碳这类气体能够捕获一部分反射出去的热量，从而使地球保持温暖，即使是夜晚也不例外。这叫做天然温室效应，这个过程和我们种植植物的温室里发生的过程是类似的。

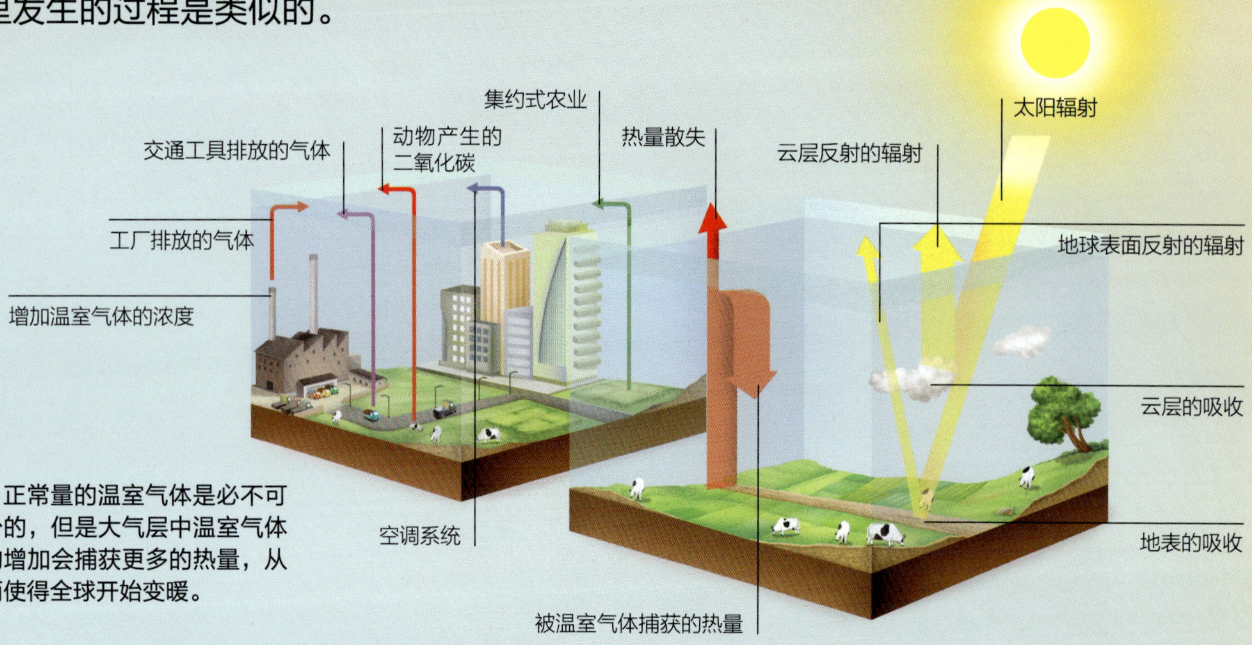

▲正常量的温室气体是必不可少的，但是大气层中温室气体的增加会捕获更多的热量，从而使得全球开始变暖。

为什么全球变暖是有害的？

全球变暖能够使全球气候产生显著变化。大气层温度的上升会导致更多水分蒸发、冰川和极地冰盖的融化以及十分危险的海平面上升。我们所知的地球会因此而改变。事实上，人们认为冰川时期就是由于全球变暖而结束的。

温室效应还会对我们产生什么样的影响？

除了全球变暖之外，氟利昂这类温室气体的增加还会破坏臭氧层。这些气体中的化学物质会在具有保护性的臭氧层上制造出空洞。这会让有害的紫外线穿过大气层。紫外线会导致一系列严重的健康问题，例如皮肤癌。

▼全球变暖导致南北两极的浮冰融化。

珊瑚白化

全球变暖不仅使大气层温度上升，还会改变海洋温度。珊瑚礁是全球变暖的最大受害者。温度升高会杀死居住在珊瑚礁中的藻类。藻类死掉之后，珊瑚就会褪色，变成白色。这一过程称作珊瑚白化。

更多相关知识 ▸ 大海与大洋26-27 ■ 天气38-41 ■ 植物208-209

世界上的国家

北美洲有哪些国家？

北美洲的国家有加拿大，加拿大是世界第二大的国家。加拿大东面是世界最大的岛屿格陵兰，格陵兰是丹麦的自治领。包括阿拉斯加在内的美利坚合众国是北美地区人口最多的国家。美国南边是墨西哥以及7个较小的中美洲国家。此外，海上的加勒比诸岛有20个以上的国家。

▲格陵兰的绝大部分都被冰所覆盖，这里的居民大多住在西南沿海现代化的木屋里。

▲美国南部的松柏沼泽是白鹭、苍鹭、水貂、浣熊以及其他许许多多动物的家园。

▼加拿大的面积尽管很大，但人口并不多。这是因为加拿大的绝大部分都被森林或冰雪覆盖。

北美洲都有什么自然景观？

北美洲从北极延伸至热带，拥有多种多样的自然景观。格陵兰被厚厚的冰盖所覆盖。加拿大北部是没有树木的苔原，南部是广袤的针叶林。北美洲最大的山系落基山位于西海岸。中部地区是大平原。北美洲的西南部以及墨西哥分布着沙漠。东南部则是沼泽地带。加勒比诸岛和中美洲地区大多被热带雨林所覆盖。

▲因纽特人居住在格陵兰和加拿大，因纽特人因他们的雪屋而闻名，雪屋是用雪做的房子。

北美洲有哪些居民?

在500年前欧洲人到达北美洲的时候，印第安人和因纽特人已经在北美洲居住了数千年了。最后，英国人控制了北美洲的大部分，西班牙控制了墨西哥，法国控制了加拿大。尽管如此，美国还是在1775年到1783年间获得了独立，墨西哥和加拿大也分别在1836年和1867年独立了。

▶很多美洲原住民部落在宗教仪式上表演太阳舞。

北美洲的人们过着什么样的生活?

捕猎海狸曾经是加拿大的支柱产业。现在，伐木、造纸和渔业成为重要的产业。加拿大、美国和墨西哥都有十分丰富的矿产资源，包括银、铁、镍和石油。在美国，农业、汽车制造、电子以及金融都是主要产业。闲暇时间里，加拿大人喜欢打冰球和滑雪，而美国人则钟爱棒球、橄榄球和篮球。

▲加拿大西海岸的树木能长得很高。人们砍伐树木用来造房子和制作家具。

▼美国西部地区炎热而干旱，这里有很多深深的峡谷、沙漠以及像方山和崖壁这样的岩石地貌。

更多相关知识 ▶ 南美洲46-47 ■ 古代美洲80-81 ■ 澳大拉西亚62-63

南美洲最大的国家是哪个？

南美洲有13个国家，其中巴西是最大的。巴西的面积相当于这片大陆的一半，人口则比一半还要多。南美洲的西部是世界上最长的山系安第斯山脉，长达8900千米。东部则是世界最大的热带雨林亚马逊丛林。南美洲南部是广袤的潘帕斯草原。阿卡塔马沙漠位于安第斯山脉以西，是地球上最干旱的地方。

▲美洲驼是安第斯山区居民驯养的动物。它们可以提供奶、肉、毛和皮，因此十分重要。人们也用美洲驼来运输货物。

为什么南美洲因野生动物而著名？

亚马逊热带雨林是地球上物种最丰富的栖息地。科学家认为，这里拥有世界上动植物物种的五分之一。这里有很多吃水果和树叶的动物，如蜘蛛猴、鹦鹉、巨嘴鸟和树懒。此外还有很多食肉动物，比如狡猾的美洲豹和世界上最大的蛇类森蚺。南美洲的山脉和草原也有它们自己的野生动物。安第斯山的空中盘旋着一种巨大的秃鹫，称作南美神鹰。潘帕斯草原有大食蚁兽到处游荡。

▶蜘蛛猴生活在中美洲和南美洲的热带雨林。

◀聪明美丽的金刚鹦鹉是鹦鹉家族的一员，它们吃水果、坚果、昆虫和蜗牛。

▲南美潘帕斯草原上的牛仔称作加乌乔人。

南美洲的人们过着什么样的生活?

接近一半的南美人从事农业。农民们种植小麦之类的谷物，放牧牛羊。采矿业也很重要，主要矿产包括金、银、铜、铁、锡和祖母绿。委内瑞拉有丰富的石油和天然气储备。闲暇时间里，南美人喜欢踢足球，也喜欢音乐和舞蹈。

◀ 纺织是绝大多数安第斯山社区人们主要的收入来源。

什么是拉丁美洲?

南美洲有时也被称为拉丁美洲，因为这里绝大多数人说西班牙语和葡萄牙语，这两种语言都属于拉丁语系。这是因为在16世纪30年代到19世纪初，南美洲的绝大多数地区曾经被西班牙人和葡萄牙人统治过，此后绝大多数国家都独立了。

印加人

在15世纪，南美洲的西部地区被印加人统治着。伟大的印加帝国一直延续到1532年，直到被西班牙人征服为止。印加帝国因黄金而著称。印加人制造了很多美丽的金饰品和纺织品。他们还在安第斯山区修建了道路和桥梁。马丘比丘、萨克塞瓦曼、纳斯卡以及的的喀喀湖都是最著名的印加遗址。

更多相关知识 ▶ 北美洲44-45 ■ 古代美洲80-81 ■ 猴子和类人猿180-181

哪些国家属于北欧和西欧？

北欧包括冰岛和斯堪的纳维亚国家（即挪威、瑞典、芬兰和丹麦）。西欧包括英国、爱尔兰、德国和低地国家（即荷兰、卢森堡和比利时）。北欧的部分地区气候严寒，冬季漫长多雪。只有很少的人住在那里。西欧的气候则比较温和。

◀冰岛的房子是用草皮、浮木和石头建的，因为那里没有足够的木头。

什么是拉普兰？

挪威、瑞典和芬兰的最北部地区几百年以来一直是萨米人和拉普人的故乡，这片土地也因此得名拉普兰。拉普兰位于北极圈内，气候严寒，一年中的绝大多数时间被冰雪覆盖。拉普人有驯养驯鹿的传统。驯鹿产肉和奶，它们的皮也可以用来做衣服。

▼拉普兰是数以百万的驯鹿的家园。拉普人用它们的鹿角制造工具、雕刻图腾。

瑞典的拉普人用套索来放牧鹿群

▲荷兰因鲜花闻名于世。这是世界上最大的春季花园库肯霍夫。

西欧和北欧的人们以什么为生?

在19世纪早期，西欧是世界上最早工业化的地区。在19世纪和20世纪，英国、德国和荷兰是世界上最主要的铁、钢、汽车和机器的生产者。现在，高科技产业、银行业和旅游业是最重要的产业。荷兰的郁金香种植业十分著名，比利时因巧克力闻名世界。林业和采矿业则是斯堪的纳维亚国家的支柱产业。

维京人

维京人在1000年前左右生活在斯堪的纳维亚地区，他们是伟大的航海者，坐着维京长船旅行，劫掠了很多国家。他们定居在冰岛、格陵兰以及欧洲西海岸。

▲大坝和拦海大堤几十年以来一直保护荷兰免受洪水侵袭，最近的一次大洪水出现在1953年。

西欧和北欧的自然景观是什么样的?

挪威有着崎岖的自然景观，这个国家有陡峭的山脉和深深凹进陆地的海岸，这种海岸称作峡湾。斯堪的纳维亚也有茂密的森林和没有树的苔原，一年中绝大多数时候苔原都被积雪覆盖。冰岛有很多活火山。西欧和北欧的南部地区地势较为平坦，分布着肥沃的农田。荷兰的绝大部分地区地势比海平面还要低。

更多相关知识 ▸ 南欧50-51 ■ 东欧和中欧52-53 ■ 大英帝国84-85

南欧有哪些国家？

许多南欧国家位于地中海沿岸，例如法国、西班牙、意大利和希腊。土耳其的一小部分位于欧洲，其余部分则位于亚洲。南欧还包括瑞士、葡萄牙和一些地中海上的岛屿，例如科西嘉岛、撒丁岛和克里特岛。南欧气候温暖干燥，这就是所谓的地中海气候。

▲巴黎圣母院是最著名的中世纪教堂。

南欧人的生活是什么样的？

法国和意大利高度工业化，它们生产汽车、钢铁和电子产品。这两个国家也是时尚之都。足球是最受欢迎的体育运动。一些人从事农业，在南欧温暖晴朗的气候下，小麦、玉米、柑橘和向日葵产量很高。希腊因油橄榄而著称，而法国、西班牙和意大利则是著名的葡萄酒产地。旅游业和渔业是沿海地区的主要产业。西班牙则因斗牛和弗拉明戈歌舞而闻名。

◀西班牙的每个城市都有斗牛场，斗牛士们在这里和公牛战斗。

世界上最小的国家是哪个？

位于罗马的梵蒂冈是罗马天主教的大本营，天主教领袖教皇就住在这里。梵蒂冈的面积只有0.4平方千米，尽管如此，它也有自己的政府和国旗。在中世纪的时候，意大利中部绝大部分都在教皇的统治之下。罗马圣彼得教堂是世界上第二大的基督教教堂，其中收藏了很多艺术珍品。

▲梵蒂冈的圣彼得大教堂对于基督教徒而言是最神圣的地方之一。

▶由梵蒂冈发行的硬币印有教皇若望二十三世的头像。

马特洪峰

“马特洪”的意思是“草地上的山峰”。马特洪峰是阿尔卑斯山脉中最高也是最著名的山峰之一。它坐落于瑞士和意大利的边境处。每年都有很多人在试图攀登马特洪峰的时候不幸身亡。

南欧有哪些著名城市？

很多世界上最著名的城市位于南欧。巴黎、罗马、佛罗伦萨、威尼斯和雅典都因美丽的建筑和艺术珍藏而闻名世界。雅典曾经是古代文明的中心，而罗马则曾是伟大的罗马帝国的首都。15世纪时，罗马、佛罗伦萨等意大利城市兴起了文艺复兴运动。每年，前往巴黎的游客比去世界上任何其他城市旅游的人都要多。威尼斯也是个不一般的城市，它建在一个泻湖上，城里最多的不是街道，是运河，人们出门不是坐车而是坐船。

▼威尼斯城建在一系列小岛上，运河连接了这座城市的各个地方。人们乘坐名叫瓦波雷蒂的水上巴士和名叫刚朵拉的小船来来往往。

更多相关知识 ▶ 北欧48-49 ■ 东欧和中欧52-53 ■ 古罗马76-77

东欧和中欧有哪些国家？

这一区域的北部包括波罗的海诸国（立陶宛、拉脱维亚和爱沙尼亚）、波兰、乌克兰、白俄罗斯、捷克共和国、斯洛伐克以及俄罗斯的一部分。南部地区也叫巴尔干地区，包括匈牙利、罗马尼亚、阿尔巴尼亚、克罗地亚和塞尔维亚，最后两个国家曾经是南斯拉夫的一部分。东欧和中欧有山脉、森林、沼泽地和狂风吹拂的平原，这些平原也叫干草原。

◀民间舞蹈是拉脱维亚文化的重要组成部分。这个国家的不同城市和地区有不同的传统服饰。

世界上面积最大的国家是哪个？

俄罗斯联邦是世界上最大的国家，几乎有两个中国那么大。俄罗斯横跨欧亚两大洲，两大洲的分界线是乌拉尔山脉。俄罗斯的东部地区是西伯利亚，这一区域占俄罗斯国土面积的三分之二。几百年来，俄罗斯一直被沙皇统治着。1922年，社会主义者夺取了政权。从1922年到1991年，俄罗斯都是由15个共和国组成的苏联的一部分。

▼乌拉尔山脉是亚欧两大洲的天然分界线，从北至南绵延2500多千米。

◀镶嵌珠宝的俄罗斯复活节彩蛋，这是在1885年到1917年间为俄国皇室制作的。

▲俄罗斯和东欧是马铃薯最大的生产地和消费地之一。

▲黑煤

▲铜块

这里的人们以什么为生?

中欧和东欧的人们从事农业、采矿业、制造业以及诸如交通运输这样的服务业。乌克兰是著名的小麦产地，被称为“欧洲的面包篮”。土豆是主要作物。人们也种植燕麦、甜菜和玉米。这里矿产资源丰富，如黄金、钻石、铜、煤、石油、天然气等。波兰和捷克共和国的重工业很著名，如炼钢和船舶制造业等。

铁幕

在第二次世界大战期间，苏联和美国曾经是盟友，但战争结束后这两个国家开始彼此敌对。1945年，欧洲被分成东西两部分，东部实行社会主义制度。两部分的边界线称为铁幕。东欧的国家都是苏联的盟友。1989年到1991年，很多国家的社会主义政府垮台了。苏联于1991年解体，随后南斯拉夫和捷克斯洛伐克也分别于1992年和1993年解体了。

更多相关知识 ▸ 北欧48-49 ■ 南欧50-51 ■ 世界大战92-93

中东在什么地方？

中东也称西南亚洲。这一区域包括伊朗、伊拉克、以色列、约旦以及阿拉伯半岛。阿拉伯半岛上有沙特阿拉伯、也门、科威特和阿拉伯联合酋长国等国家。中东地区靠近地中海、红海、里海和波斯湾，气候十分干燥。

▶阿拉伯半岛和非洲隔红海相望。世界绝大多数的石油蕴藏在这里。

中东国家的主要经济支柱是什么？

20世纪，波斯湾地区发现了丰富的石油和天然气。这一地区提供了全世界30%的石油，由油轮运往各地。沙特阿拉伯、科威特、阿拉伯联合酋长国这几个盛产石油的国家十分富有，而且政治影响力也很强大。

◀在海水淡化工厂里，人们把海水变得适于饮用和灌溉农作物。

▲阿克萨清真寺是现存最古老的伊斯兰教遗迹之一。

哪座城市被称作“三教圣地”？

耶路撒冷城是犹太教、基督教和伊斯兰教三教的圣地。阿克萨清真寺是穆斯林的圣所。基督教徒认为圣墓教堂是埋葬耶稣的地方。哭墙则是犹太人的圣地。这三种宗教都发源于中东地区。尽管如此，几百年来宗教问题一直是这一地区不断冲突的根源之一。耶路撒冷现在是于1948年建国的犹太国家以色列的首都。

人们如何对付沙漠？

中东十分缺水。阿拉伯半岛的大部分都是荒无人烟的阿拉伯沙漠。大多数村镇都沿海而建，或者建在河流或绿洲附近，那里地下水能够流到地面。在海岸边，人们修建了海水淡化工厂，把海水变成可以饮用和灌溉的淡水。

▶中东地区有很多贫瘠的沙漠和山峦。

▼这一地区的大多数居民是穆斯林，说阿拉伯语。

更多相关知识 ▸ 沙漠30-31 ■ 远东58-59 ■ 伊斯兰教124-125

南亚有哪些国家？

亚洲南部被印度洋、阿拉伯海和喜马拉雅山脉所围绕。印度是南亚最大的国家。南亚还包括巴基斯坦、孟加拉、阿富汗、斯里兰卡、尼泊尔、不丹和马尔代夫。

▲拉合尔的独立纪念塔是巴基斯坦的国家象征。

印度和巴基斯坦有多少年的历史了？

5000多年前，印度和巴基斯坦的印度河流域就已经出现了世界上最早的文明。16世纪，莫卧儿帝国统治南亚。从18世纪开始，这里成为英国的殖民地。1947年，这片土地获得了独立，并分为两个国家，也就是印度和巴基斯坦。

◀南印度舞是印度最受欢迎的舞蹈形式之一，表演时经常要屈膝。

南亚的自然景观是什么样的？

这片广袤的土地拥有多种多样的自然景观。喜马拉雅山脉是世界上最高的山脉。印度和巴基斯坦的西北是沙漠和干燥的平原，地势较为低平的东部地区则有恒河和布拉马普特拉河流过。这两条河在入海口处汇合，形成巨大的三角洲。印度南部和斯里兰卡有茂密的森林。南亚位于季风区，每年的7月到9月，季风会带来大雨。

◀珠穆朗玛峰坐落于中国和尼泊尔的边境上，是世界最高峰。它每年都会升高几毫米。

南亚的人们以什么为生？

大多数南亚居民从事农业。水稻是主要作物，人们也种植玉米、小麦、小米和黄麻。印度和斯里兰卡的高地种植茶叶。纺织业是另一个传统产业。大概在20世纪80年代，印度和巴基斯坦开始工业化。印度的工程、信息技术、炼钢和化工产业等现在在世界上都居于领先地位。

▼圣城瓦拉纳西位于印度的恒河岸边。这里是印度教徒的圣地。据说这里的河水能洗去罪恶。

▲印度和斯里兰卡是世界四大茶叶产地之一，仅印度就有14000多个茶园。

印度河谷

古印度河谷文明于5000多年前出现在印度河流域。这一文明建造了组织良好的城市，有复杂的下水道和储水系统。印度河文明的主要遗迹有摩亨佐达罗、哈拉帕、罗塔尔和卡里班甘。

更多相关知识 ▸ 古印度70-71 ■ 美索不达米亚66-67 ■ 印度教、耆那教和锡克教122-123

什么是远东？

东亚也被称为远东。这片广阔的土地包括俄罗斯的西伯利亚、蒙古、中国、朝鲜和日本。东南亚包括缅甸、泰国、越南和柬埔寨。马来半岛以南是印度尼西亚，这个国家有17500多个岛屿，包括苏门答腊、爪哇、加里曼丹等几个大岛以及无数小岛。

这里的人们都生活在什么地方？

冰冷的西伯利亚、蒙古高原以及中国西部都是人迹罕至的地方。这一区域的其他地方，例如中国东部、日本、印度尼西亚的爪哇岛和新加坡等地则人口稠密。一些世界上最大的城市也位于这里，例如中国的北京、上海，日本的东京、大阪，印度尼西亚的雅加达，韩国的首尔以及菲律宾的马尼拉等等。

▲柬埔寨的吴哥窟建于900多年前，现在仍是世界上最大的宗教建筑。

▼蒙古包，也就是帐篷，是一种传统蒙古住宅。蒙古包易于搭建、拆卸和运输，现在仍有很多牧民住在蒙古包里。

▲远东地区主要种植水稻，种水稻的湿地叫做水田。

▲日本经常地震，东京的高楼都设计成了可以左右摇摆的结构，这使得它们能够在地震中不倒。

远东地区的生活方式发生了怎样的变化？

几百年来，远东的生活方式一直变化很小，大多数人住在乡村，靠种地和打鱼为生。然而，1950年之后，这里迅速开始了工业化。第二次世界大战之后不久，日本就成为世界经济巨人，中国台湾、新加坡、韩国、中国香港紧随其后。在最近的20年里，中国成为世界经济的佼佼者。

▲加里曼丹岛和苏门答腊岛的雨林是红毛猩猩仅有的家园。

远东地区有哪些野生动物？

远东地区的野生动物和这里的自然景观一样多变。积雪覆盖的西伯利亚有狼和驯鹿，蒙古高原上生活着双峰驼、野驴和赛加羚羊。中国的森林里居住着猴子、老虎和大熊猫。东南亚的雨林和群岛上生活着犀牛、红毛猩猩以及一种被称为科莫多龙的巨大蜥蜴。

农历新年

中国的传统新年是最重要的中国节日，新年也叫春节，因为它标志着春天这个播种与耕耘的季节的到来。新年庆祝活动要持续两个星期，到正月十五元宵节为止。

▲中国新年舞龙游行，在中国龙是幸福吉祥的象征。

更多相关知识 ▸ 现代世界94-96 ■ 古代中国72-73 ■ 猴子和类人猿180-181

非洲有多少国家？

◀摩洛哥的阿伊特·本·哈杜筑垒村位于撒哈拉沙漠边缘，是一处世界文化遗产。

非洲是世界第二大的大陆，一共有53个国家。非洲被大西洋、印度洋、地中海和红海环绕。非洲是最炎热的大陆，最高气温能超过50° C。这片大陆的很多地区都很干旱，但赤道附近比较湿润。

非洲有哪些自然景观？

非洲的很大一部分被世界最大的沙漠撒哈拉沙漠所覆盖。撒哈拉沙漠有巨大的沙丘以及铺满砾石和沙子的荒原。另外两个沙漠，纳米布沙漠和卡拉哈里沙漠位于南部。世界上第二大的热带雨林位于非洲中西部。东非有稀树大草原。非洲的大河有赞比西河、刚果河和尼罗河。

▶赞比西河上的维多利亚瀑布位于赞比亚和津巴布韦的交界处，“维多利亚”一名来自英国女王的名字维多利亚。这个瀑布的本地名字意思是“霹雳之雾”。

▼非洲的稀树大草原吸引了世界各地的旅游者，他们坐着吉普车、骑着大象观赏野生动物。

非洲有哪些野生动物?

东非的草原生活着大群的食草动物，例如斑马和牛羚。草原上还有很多捕食者，如狮子和猎豹。撒哈拉沙漠居住着蛇、蝎子和跳鼠。雨林则是大猩猩和黑猩猩的家园。马达加斯加岛上有许多独特的动物，例如变色龙和狐猴。

▲东非的马赛人仍然过着和他们祖先一样的生活。

荒野漫步

东非大裂谷是由于地壳上两个裂缝之间的陆地沉陷而形成的。它长达6000千米，从南部非洲的莫桑比克向北一直延伸到红海，再向北伸展到中东。非洲最高峰乞力马扎罗山是一座死火山，高达5895米，虽然地处赤道附近，山顶仍终年积雪。

▲坦桑尼亚的乞力马扎罗山高高耸立在萨瓦那稀树大草原之上。

非洲哪些地方人口最密集?

非洲人口超过10亿，大多数人居住在河流湖泊沿岸的肥沃土地上，也有很多人住在海边。很多非洲人住在村庄里，但非洲也有像埃及的开罗、尼日利亚的拉各斯和刚果的金沙萨这样的大城市。由于人们离开乡村寻找工作或是躲避战乱和饥荒，非洲的城市规模迅速扩大。

▶世界15%的人口居住在非洲，大多数人住在乡村地区。

更多相关知识 ▶ 沙漠30–31 ■ 古埃及68–69 ■ 反对奴隶制90–91

什么是澳大拉西亚？

▲乌鲁鲁，也叫艾尔斯彩石山，是平坦的沙漠中的一块巨大砂岩。它高约335米，在日落时闪烁着红光。对于澳大利亚原住民而言，乌鲁鲁是十分神圣的。

澳大拉西亚位于太平洋和印度洋之间，包括澳大利亚（既是一块大陆也是一个国家）和新西兰。澳大利亚内陆大部分地区都是炎热干燥的灌木林地。澳大利亚东南部生长着热带雨林。新西兰有白雪皑皑的山脉和深深的峡湾。

为什么澳大拉西亚的野生动物如此与众不同？

澳大利亚和新西兰在4000万年前就和其他大陆分开了，这种隔离使得这片地区的生物变得与众不同。澳大利亚有很多有袋动物，如袋鼠、袋熊和树袋熊（考拉）。世界上仅有的生蛋的哺乳动物鸭嘴兽和针鼹也生活在这里。新西兰有不会飞的几维鸟和十分特别的爬行动物楔齿蜥。

珊瑚礁

世界上最长的珊瑚礁大堡礁位于澳大利亚东北，绵延2000多千米。这个巨型珊瑚礁是由微小的海洋生物珊瑚虫的骨骼构成的。大堡礁中生活着350多种珊瑚和1500多种鱼类。

▼袋鼠这样的有袋动物把幼仔装在育儿袋里，澳大利亚拥有60多种袋鼠。

▲澳大利亚有世界上最大的养牛场。

这里人们的生活是什么样的？

澳大利亚的大部分地区太干燥，不能种庄稼。人们在大牧场中养牛和羊。采矿业也很重要，例如黄金、煤、铁矿石、铀和蛋白石。澳大利亚人喜欢户外运动，例如冲浪、帆船、板球、橄榄球和网球。新西兰是世界上最大的羊肉、羊毛和牛奶产地之一。橄榄球、漂流和徒步旅行是新西兰人最爱的运动。

▲帆船比赛在澳大利亚很受欢迎。自1837年以来，悉尼每年都举办澳大利亚国庆日赛舟会。

澳大拉西亚有哪些居民？

和其他国家相比，澳大利亚和新西兰人口稀少。新西兰羊的数量比人多11倍！最早的澳大利亚人是澳洲土著人，他们在4万年前来到这片大陆。1770年英国占领澳大利亚，并建立起了殖民地。1901年澳大利亚独立。最早的新西兰人是南太平洋上的毛利人，他们在1000年前坐独木舟来到这里。19世纪40年代，新西兰成为英国殖民地，1907年获得独立。

◀澳大利亚原住民创造了独特的吹奏乐器，叫做迪吉里杜管。据说这是世界上最古老的吹奏乐器。

更多相关知识 ▸ 雨林28-29 ■ 太平洋岛屿64 ■ 水上运动和雪上运动116-117

太平洋岛屿都包括哪些地方？

▲法属波利尼西亚的波拉波拉岛有火山岩组成的山峰和水晶般清澈的泻湖。

太平洋上有25000多个岛屿。这些岛屿分成三个岛群，即北部的密克罗尼西亚，南部的美拉尼西亚和东部的波利尼西亚。大多数太平洋岛屿都是海底火山露出海面的部分或者珊瑚礁。几乎所有的太平洋岛屿都很小。

太平洋岛屿有哪些居民？

太平洋最早的居民在4万年前从东南亚渡海而来。他们乘坐独木舟到达了新几内亚，并从这里出发散布到了其他岛屿。16世纪时欧洲人来到这里。19世纪时，这些岛屿已经成为了欧洲人的殖民地，随后澳大利亚人和美国人也来到了这里。它们中的一部分现在已经独立，其他很多岛屿仍在外国控制之下。

▲很多太平洋岛屿是火山运动形成的。

▲巴布亚新几内亚的阿萨罗泥人戴着巨大的陶制面具，在身上涂满粘土。

▼位于东太平洋的复活节岛因巨石像而闻名世界，这些石像也叫摩艾巨石像。岛上有600多个这样的石像。

更多相关知识 ▶ 火山34-35 ■ 澳大拉西亚62-63

历史

世界上最早的城市在哪里？

世界上最早的城市在公元前4000年到公元前3000年左右诞生于美索不达米亚。这里位于中东的底格里斯河和幼发拉底河之间。河流使土地变得肥沃，适于种植庄稼。人们捕猎野兽以获取肉和毛皮。随着农业的发展，定居点越变越大，像乌尔这样的城邦国家开始形成。住在这里的人们称为苏美尔人。他们发明了文字系统，并建立了一套社会组织结构。

一些男人留着长发

很多人留着胡子，但有的人把胡子刮得很干净

▲男人和女人都穿着带披肩的长裙，后来的美索不达米亚人穿带披肩的长袍。

乌尔的生活是什么样的？

一开始，人们用芦苇建房子，但随着定居点的扩大，人们用晒干的泥砖建起了更结实的房子。大多数房子只有一层，但富有的居民住在二层小楼里，还有自己的私人神庙。人们创造了法律，并由国王统治国家。这些国王同时也是祭司，人们相信他们的权力是神赋予的。奴隶制很常见，有时孩子们会因为贫穷被卖做奴隶，有时这是一种惩罚。

▼乌尔位于波斯湾尽头，拥有一座用来进行贸易的港口。人们甚至在遥远的印度和阿富汗的墓葬中都发现了来自乌尔的货物。

▲这幅画表现了吉尔伽美什正要去见命运女神希杜里·萨比图。

吉尔伽美什——一个国王的故事

吉尔伽美什史诗由多个美索不达米亚作者写于公元前2700年至公元前600年，故事的主人公是美索不达米亚城邦乌鲁克的国王吉尔伽美什。长诗描绘了吉尔伽美什的经历，是一部关于爱、勇气、失去朋友以及与神抗争的故事。人们认为吉尔伽美什史诗是最早的文学作品。

乌尔后来发生了什么？

约公元前2006年，乌尔被敌军攻占。美索不达米亚陷入战乱之中达200多年。最后，巴比伦的汉谟拉比王占领了美索不达米亚，古巴比伦王朝开始（公元前1900—公元前1600）。在此期间制订了著名的汉谟拉比法典。违背法律要受到严酷的惩罚。随后，名为赫梯人的神秘民族入侵了巴比伦，占领了美索不达米亚。

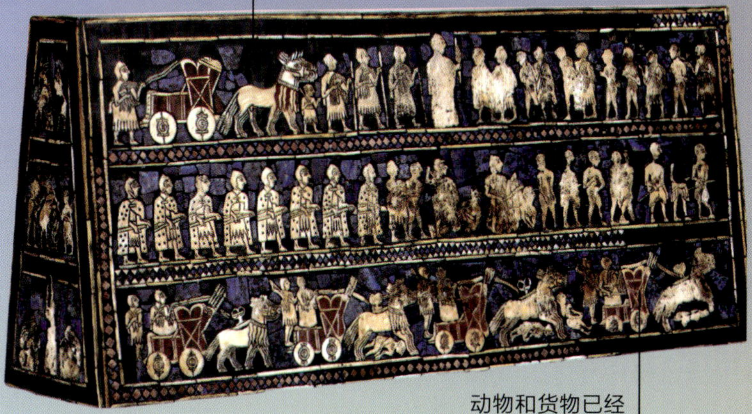

▲"乌尔军旗"是在乌尔发现的一件工艺品。它的一面表现了苏美尔人的战斗场景，另一面则表现了和平的景象。

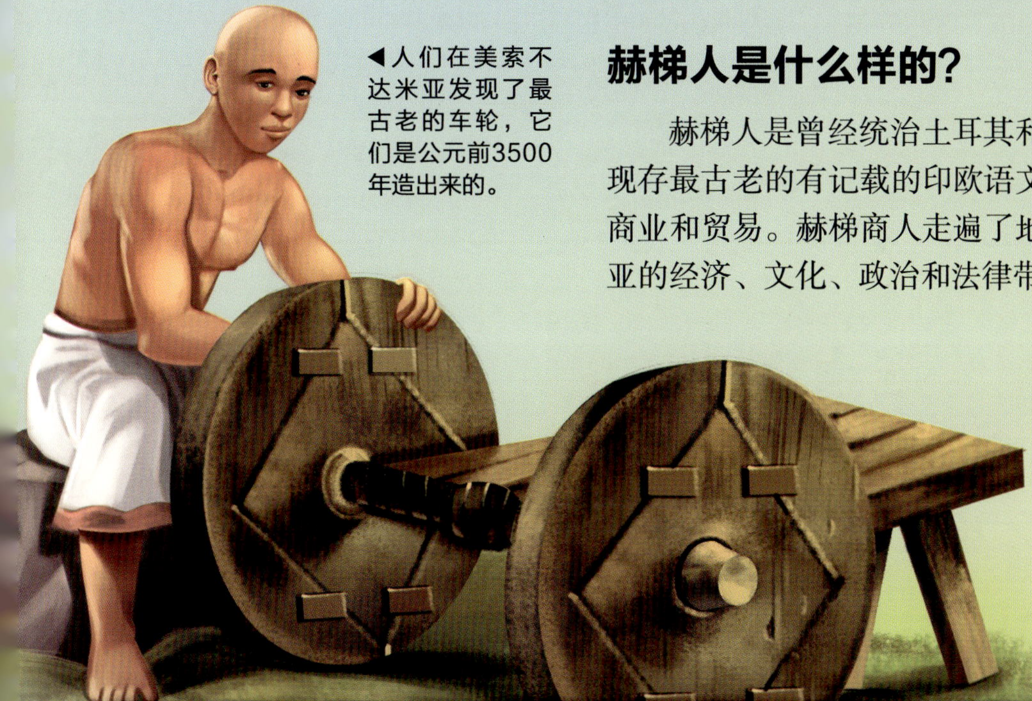

◀人们在美索不达米亚发现了最古老的车轮，它们是公元前3500年造出来的。

赫梯人是什么样的？

赫梯人是曾经统治土耳其和叙利亚的印欧人。赫梯文是现存最古老的有记载的印欧语文字。赫梯帝国的力量来自于商业和贸易。赫梯商人走遍了地中海地区，并将美索不达米亚的经济、文化、政治和法律带到这些地方。

现在美索不达米亚在哪儿？

赫梯人之后，又有三个帝国统治着这片地方，直到公元前539年为止。随后强大的波斯帝国兴起，直到希腊的亚历山大大帝征服波斯。当年的美索不达米亚位于今天的伊朗和伊拉克。

更多相关知识 ▸ 中东和中亚54-55 ■ 古印度70-71 ■ 文学108

古埃及文明延续了多长时间？

位于北非的古埃及文明延续了3000多年，是世界上延续时间最长的文明之一。在这段时间里，古埃及人见证了政治和经济的变迁，然而他们的文化基础、宗教和生活方式几乎没有改变。

古埃及人为什么要修建金字塔？

古埃及人修建金字塔是为了保存已故国王的遗体和陪葬品。古埃及的国王称作法老。古埃及人相信即使已经去世，法老仍在照看着国家。因此，有必要让法老的灵魂过得舒服些。据说，金字塔的形状源自太阳的光芒。

▼胡夫大金字塔是最大的金字塔，它高约135米，已经存在了4000多年。

为什么尼罗河被称为埃及的生命线？

埃及文明兴盛于尼罗河两岸。4万年前，尼罗河沿岸的肥沃土地吸引了最早的一批定居者。这些定居者建立了两个王国，即位于南方的上埃及和位于北方及尼罗河三角洲地区的下埃及。这两个国家的人都住在小村庄里。他们在尼罗河里打鱼，耕种两岸的土地并饲养牲畜。

◀位于德尔·埃尔·迈迪纳的著名工匠森尼杰姆的墓中壁画。这幅画描绘了尼罗河两岸收获的情景。

破译神圣文字

古埃及人创造了一种用图画来表示物品、概念和声音的特殊文字。这种文字称作象形文字，希腊人称之为神圣文字。几百年来，一直没人能够读懂这2000多个象形文字。1799年，罗塞塔石碑被发现了。研究人员们欣喜若狂，因为这块石碑上刻着象形文字以及它的希腊文和通俗体古埃及文译文。这为破解象形文字提供了一把钥匙。罗塞塔石碑是在公元前196年由祭司写成的，其内容是为了纪念13岁的法老托勒密五世登基。

什么是木乃伊？

古埃及人相信存在死后的生活。他们认为每个人都有三个灵魂。“卡”是一个人的生命力，“巴”是真正的灵魂。人死后，“卡”和“巴”组成“阿卡”。据说，如果要让“阿卡”过得开心，就必须保持遗体完整无缺。因此，古埃及人将尸体做成木乃伊以保存遗体。

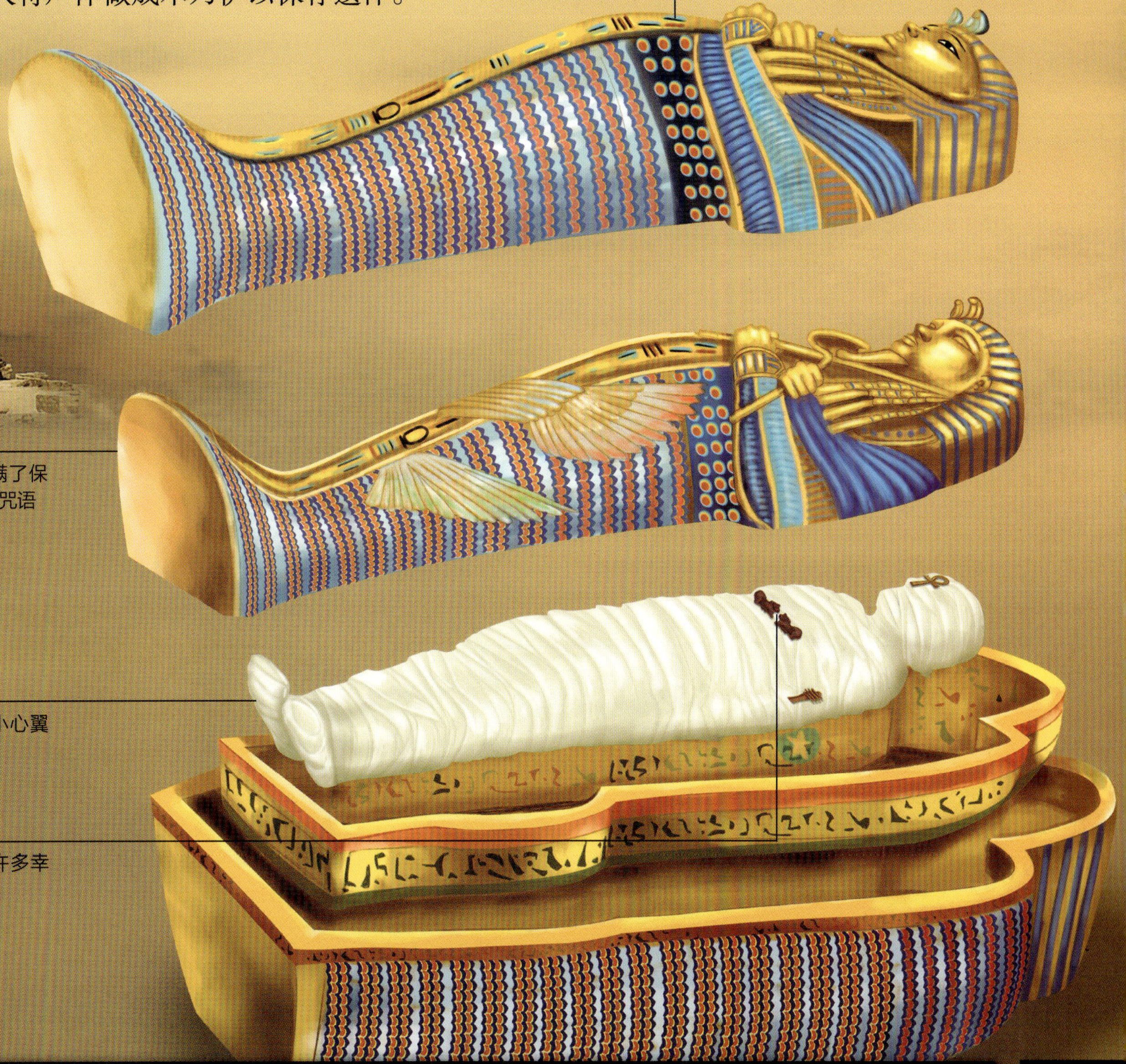

更多相关知识 ▸ 太阳和太阳系10-11 ■ 非洲60-61 ■ 古希腊74-75

什么是印度“失落的文明”？

哈拉帕古城在巴基斯坦的印度河河谷厚厚的土层下沉睡了数百年，这里曾经是印度的一部分。在20世纪20年代，考古学家的挖掘使一个令人惊叹的古文明呈现在世人面前。最后，人们发现了三座主要的城市哈拉帕、摩亨佐达罗和罗塔尔，此外，还发现了100多个村庄和城镇。如今，这一文明被称为哈拉帕文明或印度河谷文明。

▼哈拉帕城的平面图呈格子状，街道彼此平行，房屋规划得很有条理。

古印度文明是怎样“失落”的？

印度河谷文明在公元前2600年到公元前1500年非常繁荣。城市里有砖房子、下水道和手工作坊。农民种植棉花、豌豆和大麦等谷物。贸易也很兴盛。那为什么这个欣欣向荣的文明在公元前1500年消失了呢？没人准确地知道到底发生了什么。但是历史学家提出了一系列可能的原因，例如洪水、粮食歉收、气候变迁以及雅利安人入侵等等。

▲在遥远的美索不达米亚发现的典型的印度河谷印章，这证明两个地方之间存在贸易纽带。

谁是雅利安人?

一种理论认为，雅利安人是公元前1800年到公元前1500年入侵印度的部落战士。他们是娴熟的骑手，也是强大的战士。一些专家认为雅利安部落征服了印度的绝大部分，并开始定居下来务农。慢慢地，新的社区形成了。根据这种理论，正是雅利安人带来了构成如今大多数印度语言基础的梵语以及印度教的经典史诗《吠陀》。尽管如此，另一些学者认为不存在雅利安人入侵。他们认为印度河文明随着时间推移慢慢发展，并最终成为印度文化和语言的根基。

▲《吠陀》中的赞美诗、颂歌和仪式祈祷文直到今天在印度宗教仪式中还被使用着。

摩诃婆罗多

这部史诗有10万多行，在前后800多年中慢慢写成。这是一个关于两个家族的世仇的故事。这部著作的一部分叫做《薄伽梵歌》，意思是“主之歌”。这一段记叙了黑天神和阿周那王子的对话，教导了印度人如何按照正确的准则生活。

▼《薄伽梵歌》被认为是一本印度哲学指南。

什么是印度教?

印度教是世界第三大宗教。印度教起源于印度河谷。现在，它是印度的主要宗教。印度河谷一直以来都有许多宗教，但人们认为印度教直到雅利安人入侵之后才出现。印度教有三位主神，即梵天、湿婆和毗湿奴，他们能够变成各种形象。

▶ 位于印度南部马哈巴利普拉姆的海滨庙供奉着印度教最重要的两位神：湿婆和毗湿奴。

更多相关知识 ▶ 南亚56-57 ■ 大航海时代82-83 ■ 印度教、耆那教和锡克教122-123

古代中国有哪些王朝？

中国有5000多年的历史。这一漫长的历史可以分为很多王朝。最古老的王朝是夏朝，大概在公元前2100年到公元前1600年统治中国。夏朝被商朝推翻，商朝随后又被周朝取代。

为什么明朝十分重要？

明朝（1368—1644）是中国历史上倒数第二个王朝。明朝的两个伟大成就是文学和瓷器。街头说书人开始把他们的故事写下来，创作出第一批小说。书籍有史以来第一次用人们的日常口语写成，那时的很多小说直到今天仍有不少人在读。

◀漂亮的明朝青花瓷。

成吉思汗是谁？

成吉思汗（约1162—1227）生于今天的蒙古国。那时蒙古只是些很小的游牧部落。成吉思汗把它们集结起来，并使之成为强大的军队。1211年，成吉思汗的军队为了获取财富而进攻金朝。1215年他控制了华北，并将其变成未来的元帝国的一部分。

丝绸之路

数百年来，世界各地的商人们长途跋涉来到中国，他们带来了香料、宝石、银、玻璃以及胡萝卜、石榴等食物。商人们用这些东西换取丝绸。因此，这条通往中国的道路被称作丝绸之路。

◀丝绸之路将中国与南欧、印度、埃及和中东连接起来。从灼热的沙漠到冰封的山脉，丝绸之路穿越了各种各样的地形。

最伟大的王朝是哪个？

每个王朝都创造了一些独特的东西：

夏朝：发明缫丝和制陶；成功种植水稻。

商朝（公元前1600年—公元前1046年）：制造青铜器和无釉的瓷器；发明文字。

周朝（公元前1046年—公元前256年）：禁止人祭；法律、哲学、天文学、算术和针灸得到长足发展。

秦朝（公元前221年—公元前206年）：第一位皇帝秦始皇开始修建长城，6000多个真人大小的陶像为他陪葬，这些陶像就是著名的兵马俑。

汉朝（公元前206年—公元220年）：商路得以扩展；征服新的领土；发明造纸术。

▼一幅描绘中国妇女缫丝的绘画。人们认为丝绸是公元前2700年左右由中国人发明的。汉朝时，丝绸成为重要商品。

更多相关知识 ▸ 远东58-59 ■ 文学108 ■ 陆地运输142-143

古希腊人是哪些人？

古希腊人是古代希腊的居民，4000多年前的古希腊是欧洲的一个很大的帝国。这一帝国由许许多多小城邦国家组成，每个城邦都有自己的法律和政府。最重要的两个城邦是雅典和斯巴达。

◀亚历山大12岁时驯服了一匹名叫布西法尔的野马，这匹马伴随亚历山大南征北战，亚历山大甚至用这匹马的名字命名了一座城市。

亚历山大大帝为什么被称为“大帝”？

亚历山大（公元前356年—公元前323年）是邻近希腊帝国的马其顿的一位王子。他的父亲腓力征服了希腊城邦。亚历山大20岁的时候父亲去世，他即位为王。亚历山大有着杰出的军事才能，他大大扩展了希腊帝国的疆域。因此，他被称为亚历山大大帝。

最强大的希腊城邦是哪个？

雅典是最大、最强的希腊城邦。雅典城建在一座名为阿克罗波利斯（卫城）的小山脚下。雅典十分富有，著名的帕台农神庙是用雅典本地的大理石建成的，这座神庙属于女神雅典娜。

▼城镇广场是古代雅典公共生活的中心。

雅典的学校是什么样的?

学校是教师们的私人产业，而且要收很高的学费，所以只有有钱人家的男孩才能上得起学。孩子们学习阅读、写作、诗歌、戏剧，还要进行体育锻炼。音乐也很重要，所以他们还要学习竖琴和长笛这样的乐器。女孩们不学读书写字。她们呆在家里，向妈妈学习如何持家。

▼雅典的学校里，一个老师教10到15个孩子。

什么是希腊神话?

希腊神话是几百年来世代相传的关于男女众神们的故事。古希腊人相信世界是由强有力的男女众神们统治的。一些古希腊学者写了很多关于这些神的作品。其中最重要的两部是公元前8世纪晚期诗人荷马写的《伊利亚特》和《奥德赛》。

◀宙斯，希腊的众神之王，能够控制雷霆。他用雷劈那些惹怒了他的人。

宙斯经常被塑造成站在云上的形象

斯巴达

斯巴达城邦将人民训练成勇敢强壮的战士。孩子们从7岁开始就要学习如何使用武器，还要学习生存技能和田径运动。他们吃得少穿得少，必须忍受寒冷、饥饿和疲惫。20岁时，男孩们进入军队服役，直到60岁为止。斯巴达人20岁左右结婚，但男人们仍然住在军营里。

更多相关知识 ▸ 北欧48-49 ■ 绘画和雕塑98-99 ■ 文学108

谁统治着罗马？

◀尤利乌斯·凯撒死后被宣布为神。

罗马早期由国王统治，最后一位国王塔尔昆于公元前509年被推翻。随后罗马变成了共和国，由人们选出的元老院统治。公元前59年元老院选举尤利乌斯·凯撒将军为执政官，也叫元首。公元前49年，凯撒自立为终身独裁官。由于担心凯撒拥有太大权力，几个元老在公元前44年谋杀了他。这之后，罗马城由一系列皇帝统治，最终成为罗马帝国的首都。

尼禄是谁？

凯撒死后，罗马发生了一系列暴乱。凯撒的侄孙奥古斯都·凯撒结束了混乱，于公元前27年成为了第一位罗马皇帝。之后又有许许多多的皇帝，有的好有的坏，有的两者兼有。其中最著名的一个就是尼禄（37年—68年），他顺利地统治了罗马很多年，但他同时也是一个残忍的暴君。

▶刻着尼禄头像的罗马硬币。

什么是罗马帝国？

罗马帝国包括一系列罗马人侵略和占领的国家。罗马在帝国里修建了庞大的道路网，以便他们的军队能迅速地从一个地方转移到另一个地方。他们打到哪里就把哪里俘获的敌人变成奴隶和角斗士。

◀罗马帝国的疆域在图拉真皇帝的统治下（98年—117年）达到了顶峰。罗马帝国征服了从不列颠岛到北非的广袤土地。

▲罗马的富人在宴会上消磨时光，宴会上有音乐舞蹈表演以供娱乐。

古罗马人的生活很舒适吗？

在罗马帝国的巅峰时期，超过100万人住在首都罗马城。那里有政府建筑、繁忙的街道、作坊、市场、公共浴室和图书馆。有钱人住在大别墅里，数以千计的穷人则住在拥挤的小房子里，房子最多有六层高，由泥砖和木头做成，很容易倒塌和着火。

▼这幅马赛克表现了两个角斗士正在战斗，由观众们或皇帝决定失败者的生死。

马赛克

不管在帝国的什么地方都能找到马赛克。马赛克是用小石头拼成的图案,用来装点重要建筑物的地面，例如有钱人的别墅和乡间宅第。有些马赛克很大，看起来像巨大的地毯。马赛克经常用来表现日常生活场景。

罗马人喜欢观看什么运动？

罗马人无论贫富都喜欢血腥和危险的运动，例如角斗和战车竞赛。罗马大角斗场是最著名的露天竞技场，可以容纳50000人。人们强迫犯人、奴隶和战俘成为角斗士并在竞技场上战斗至死。数以千计的动物从帝国各地用船运来参加角斗。

更多相关知识 ▸ 南欧50-51 ■ 绘画和雕塑98-99 ■ 建筑100-101

中世纪是指什么时候?

中世纪是指1066年到1450年这段时间。在此期间，基督教传播开来，欧洲战争不断，十字军、领主和各种贵族们建起了高大的城堡，数以万计的人死于瘟疫。历史学家们将中世纪分为早期、盛期和晚期。

◀英格兰肯纳尔沃斯城堡于1266年经历了英国历史上最长的围城战，因此而著称于世。这次围城战持续了六个月。

城堡里的生活是什么样的?

大多数城堡是建在小山或河边的大型要塞，领主和他们的家人、仆人、忠诚的骑士们住在城堡里。在和平时期，领主们举办奢华的宴会，组织骑士比武和竞技活动。战争时期，当地人可以躲进城堡。城堡可能会被敌人围困。双方士兵使用投石车向对方发射致命的弹丸。

▲中世纪的皇家宴会非同小可，一道主菜就能有七种菜色，连孔雀这种珍奇鸟类也经常出现在菜单上。

为什么会有十字军？

基督教徒和穆斯林为了争夺圣地耶路撒冷打了200多年的仗，对这两种宗教而言，耶路撒冷都是十分重要的地方。战争始于1071年，当时穆斯林塞尔柱突厥人占领了耶路撒冷并禁止基督教朝圣者进入。为了报复，教皇乌尔班二世下令组织十字军，从穆斯林手中夺回圣地。后来又组织了多次十字军，直到1291年基督徒被彻底打败为止。

◀孩子们早在7岁的时候就要开始接受骑士训练。这些中世纪战士要花15年左右的时间学习战斗技巧。

百年战争持续了多长时间？

事实上百年战争持续了116年，从1337年打到1453年，交战双方是英格兰和法国。百年战争由一系列漫长的战役组成，开战的原因很多很多，其中之一是英国国王爱德华三世想要得到法国王位。

最早的印刷书是什么？

1041年，中国发明了泥活字印刷，最早的印刷书是中国的佛教著作。然而，这些书籍没能保存下来。1440年，古腾堡印刷术出现在德国。这是现代印刷术的前身。最早用这种方法印刷的书籍是圣经。

黑死病是什么东西引起的？

1347年，一场可怕的瘟疫杀死了欧洲人口的三分之一。这就是黑死病，即腺鼠疫。人们认为黑死病是由黑鼠身上的跳蚤引起的，这些黑鼠随商船从亚洲来到欧洲。在农村，大片的庄稼无人收割在地里烂掉，因为整个村子的人都生病死了。这导致了严重的食物短缺。肮脏而拥挤的城镇也未能幸免于难。

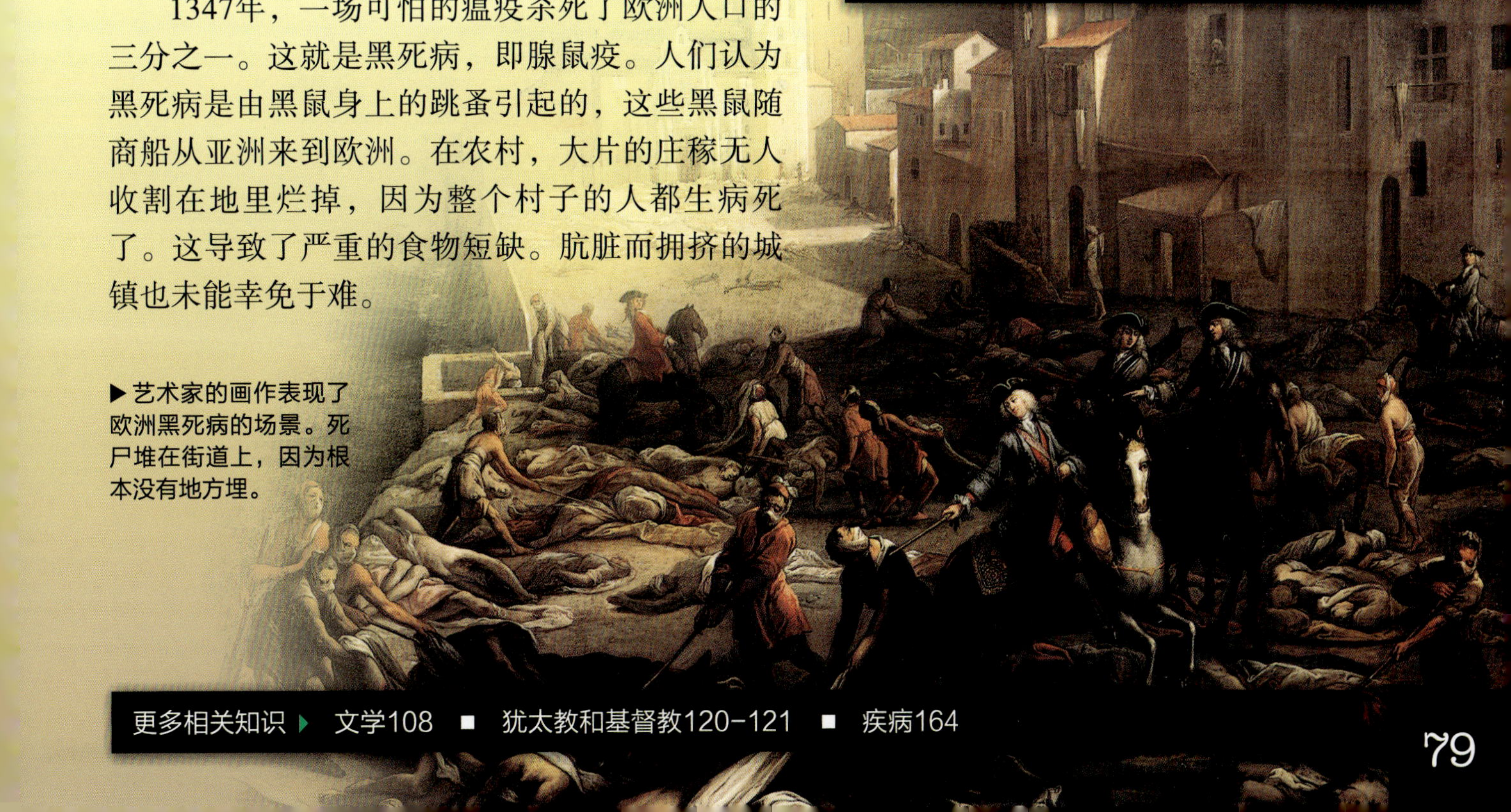

▶艺术家的画作表现了欧洲黑死病的场景。死尸堆在街道上，因为根本没有地方埋。

更多相关知识 ▶ 文学108 ■ 犹太教和基督教120-121 ■ 疾病164

古代美洲有哪些居民？

4万年前，猎人、采集者和渔民组成的游牧部落第一次踏上美洲大地。他们主要是奥尔梅克人、玛雅人和托尔特克人。当这些游牧部落定居下来的时候，最早的、伟大的美洲文明就开始发展起来了。这其中最著名的两个文明是位于墨西哥的阿兹特克文明（阿兹特克人自称是托尔特克人的后裔）和位于秘鲁的印加文明。

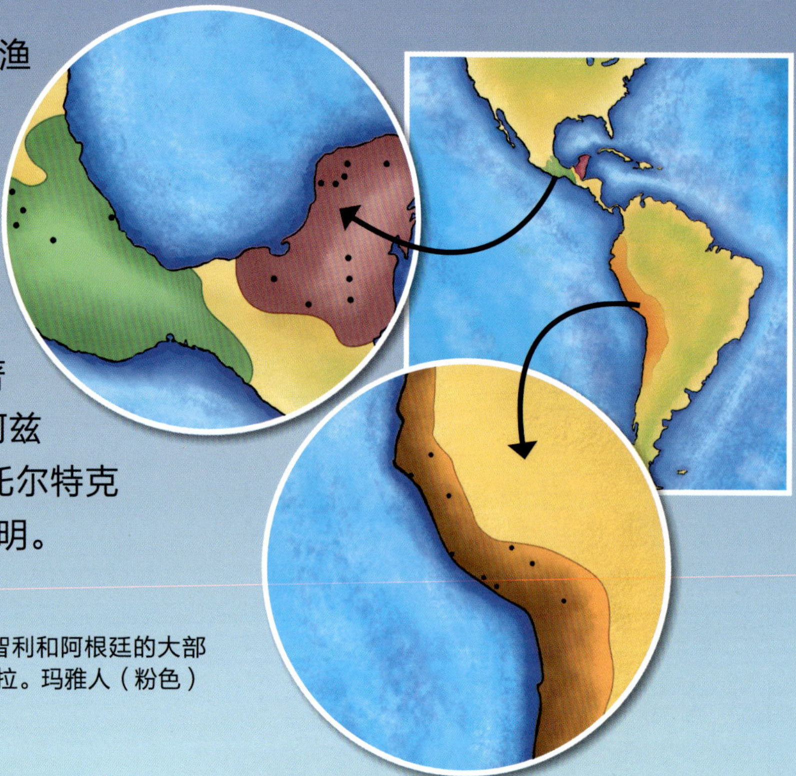

▶印加帝国（橙色）包括哥伦比亚、秘鲁、智利和阿根廷的大部分。阿兹特克（绿色）统治着墨西哥和危地马拉。玛雅人（粉色）控制着墨西哥和伯利兹的尤卡坦半岛。

◀建于1450年前后的马丘比丘拥有很多宫殿、神庙和梯田。

马丘比丘是什么？

马丘比丘经常被称作“失落的印加之城”。马丘比丘建在秘鲁的山上，大概有1000人曾住在这里。印加人占领了这座城市，直到16世纪70年代这一文明消失为止，随后350多年里这里一直不为人知。后来考古学家发现了这座城市，在废墟中找到了100多座墓。

▶库库尔坎金字塔位于玛雅城市奇琴伊察的中心，是一座献给羽蛇神的圣殿。

哪些文明消失了？

玛雅文明是古代美洲最重要的文明之一。他们发展出了天文学、历法、数学和象形文字。玛雅文明在公元300年到900年间达到顶峰，此后，他们的城市和乡村被荒弃了，而玛雅人也似乎消失了。尽管有可能是干旱或战争导致了这一结果，但没人知道这到底是因为什么。

黄金国埃尔多拉多在哪儿？

欧洲殖民者认为美洲有一片盛产黄金的神奇土地，名叫黄金国埃尔多拉多。征服了印加帝国的弗兰西斯科·皮萨罗就是许许多多来到美洲找寻传说中黄金国宝藏的西班牙征服者之一。埃尔多拉多意思是“黄金人”，这个名字来自于一个传说中全身涂满金粉的酋长的名字。

▶印加黄金像

谁毁灭了阿兹特克文明？

阿兹特克人于1325年左右定居在墨西哥，并创造了一个强大的帝国。1519年，西班牙探险家荷南·科尔特斯带着500名士兵前来寻找宝藏。科尔特斯进攻了阿兹特克，最后一位阿兹特克王蒙提祖玛被杀。科尔特斯离开了，但欧洲人的天花病却留下来在阿兹特克人中肆虐，使他们变得虚弱。1521年，科尔特斯带着人又回来了，他们彻底打败了阿兹特克人，毁灭了这个文明。

◀在1521年西班牙人和阿兹特克人的最后一战中25000多名阿兹特克人被杀。

更多相关知识 ▶ 北美洲44-45 ■ 南美洲46-47 ■ 大航海时代82-83

大航海时代是什么时候？

大航海时代是15世纪到17世纪。这时，勇敢的欧洲探险家们驾船驶离欧洲到世界各地寻找贸易伙伴和新商品。探险家们还试图寻找并征服新的土地。国王们为很多航海家提供资金，他们希望航海家们能为自己带来更多的财富和权力。

最著名的探险家是谁？

- 1492年 哥伦布（代表西班牙）发现西印度群岛
- 1497年 约翰·卡伯特（英国）探索北美洲海岸，并到达了加拿大的纽芬兰
- 1498年 瓦斯科·达·伽马（葡萄牙）到达印度
- 1501年 亚美利哥·韦斯普奇（葡萄牙）发现美洲
- 1519年—1522年 斐迪南·麦哲伦环球航行
- 1536年 雅克·卡地亚（法国）宣布今天的加拿大为法国所有
- 1577年 弗朗西斯·德雷克成为第一个环球航行的英国人
- 1642年 阿贝尔·塔斯曼发现塔斯马尼亚和新西兰

为什么葡萄牙人要进行航海探索呢？

葡萄牙探险家试图寻找通往印度的商路，以便和东方进行有利可图的香料贸易。1418年，葡萄牙派出了非洲探险队，他们在非洲建立了要塞以及买卖黄金和奴隶的贸易站。

▲胡椒和丁香这类香料是贵重商品。

▲这幅画描绘了1492年伊莎贝拉王后向远航的哥伦布告别的场景。

克里斯托弗·哥伦布发现了什么？

1492年，意大利航海家克里斯托弗·哥伦布向西航行，试图寻找一条更安全的通往印度的商路。西班牙的斐迪南国王和伊莎贝拉王后为他提供了资金。航行了5个星期之后，哥伦布在今天的巴哈马登陆了。他继续探险，发现了更多的岛屿，例如古巴、牙买加和特立尼达。他以为自己到了印度，所以把自己发现的这些岛屿起名为西印度群岛。

怎么用绳子和木头测量船航行的速度？

16世纪，水手们把绳子每隔1寻（约等于1.8米）打一个结，在绳子的一端系上一块木头。把木头扔在水里，用沙漏计时。数一数一定时间内船走过了多少节绳子的距离就能够算出船速了。

◀1940年新西兰发行的纪念荷兰探险家阿贝尔·塔斯曼的邮票。塔斯曼于1642年12月13日发现了新西兰。

谁发现了澳大利亚？

太平洋是欧洲探险家最后探索的一个大洋。荷兰探险家阿贝尔·塔斯曼在1642—1643年的探险中发现了塔斯马尼亚岛和新西兰。塔斯曼绘制了澳大利亚北部海岸线的地图。当时，人们认为他发现澳大利亚的这次探险不算成功，因为他没找到任何新奇的商品。接下来的100多年里再没有欧洲人到过塔斯马尼亚岛和新西兰。

◀1642年塔斯曼发现了塔斯马尼亚岛，他将其称作范迪门地，这个名字一直用到1855年。

更多相关知识 ▸ 南亚56-57 ■ 海上运输144-145 ■ 澳大拉西亚62-63

大英帝国有多大？

大英帝国最开始是在16世纪晚期到17世纪早期印度等国的殖民地和贸易站的基础上建立起来的。18世纪和19世纪时，英国成为世界上最大的贸易国。它建立了强大的陆海军以保卫自己的殖民地。

◀这幅1885年帝国主义者的画描绘了英国狮子指挥着澳大利亚和加拿大小狮子。

什么是印度兵变？

印度被视为大英帝国“王冠上的宝石”。1857年，印度士兵发动了反对英国人的兵变。很多士兵认为英国人试图破坏印度宗教和社会习俗。兵变始自德里城，迅速蔓延至印度中部和北部。然而，兵变缺乏恰当的领袖。1858年初，英国军队镇压了叛乱。

大英帝国控制了多少地方？

到19世纪末，大英帝国控制了全世界四分之一的人口，面积超过3367万平方千米。

◀印度兵变持续了一年左右，造成了双方大量的士兵和平民伤亡。

▼19世纪早期快速帆船开始流行，这些船相对较小，能更快地运输货物。

建立帝国有助于英国的贸易吗？

很多英国公司把机器、纺织品、船舶等商品卖给帝国控制的地区，再从殖民地购买廉价的糖和棉花等商品，从中获取巨额利润。1809年到1839年，英国的出口从2540万英镑上升至7600万英镑，而仅仅10年之后，这一数字就变成了12450万英镑。

大英帝国实行奴隶制吗？

非洲和西印度群岛的英国商人用奴隶来生产糖和棉花等商品。奴隶本身也是一种有利可图的商品。在18世纪的英国，富裕的妇女养黑奴是一件时髦的事。黑人孩子们也会被当做奴隶。但是，1833年，英国成为世界上第一个正式废除奴隶制的国家。

什么是“争夺非洲”？

从1880年到1900年，包括英国在内的很多欧洲国家开始在非洲圈地，“争夺非洲”活动开始了。1884年和1885年，欧洲列强在柏林开会瓜分非洲。英国获得了东西非海岸的殖民地。1902年，非洲90%的土地都被列强控制了。1914年，非洲只剩下埃塞俄比亚和利比里亚两个独立的国家了。

更多相关知识 ▸ 古印度70-71 ■ 海上运输144-145 ■ 反对奴隶制90-91

什么是工业革命？

1750到1850年这段时间，人们发明了许许多多由蒸汽机驱动的工业机器。这些机器不仅给已有的工业带来了巨变，也促使了很多新工业出现。这些改变具有十分重大的意义，而这段时间也被人们称为工业革命。

▲曼彻斯特的棉纺织厂。工厂用最新的蒸汽机生产大量的廉价棉布。

工业革命如何影响人们的生活？

纺织这类从前在家里或小作坊里从事的工作，现在开始在大工厂里由机器来完成了。千千万万的男人、女人和孩子离开他们的村庄和农场，进入工厂或煤矿工作，或者参与修筑公路、运河、铁路，工厂主们为这些工人们建起宿舍。伦敦和曼彻斯特这类中心城市因此飞速发展。但是工业革命也带来很多问题。工厂排出肮脏的黑烟，城镇拥挤不堪，而且没有下水道。很多人死于饥饿和疾病。

什么是童工？

只有五六岁的孩子也要在工厂和矿山里做工，每天从早上5点干到晚上8点，一周工作6天。小孩子们在工作着的机器下爬来爬去捡拾掉落的绒毛，或是把断掉的棉线接起来。受重伤是很常见的事情。

▼仅仅四岁的孩子就已经开始在煤矿里工作了，一些孩子拉煤车，另一些要管理活动天窗控制矿井通气。

“火箭号”是什么?

人们需要交通运输，来把货物和煤从工厂和矿山运到码头。1825年，工程师乔治·史蒂文森设计了一条从采矿城镇斯托克顿通往河港达灵顿的铁路，这条铁路长32千米。1831年，史蒂文森建了一条从曼彻斯特到利物浦的铁路。他造了一辆名叫火箭号的火车头，速度达到了36公里/小时。

▼在利物浦到曼彻斯特的铁路上举办了一次比赛，以决定这条新铁路该用哪种火车头。大约15000人赶来观看比赛，蒸汽机车火箭号取胜了，并为现代蒸汽机车奠定了基础。

谁发明了那些新机器?

1733年 约翰·凯伊——飞梭：让纺织工人的工作更迅速

1764年 詹姆斯·哈尔格里夫斯——珍妮机：一台机器抵得上8个工人

1768年 理查德·阿克赖特——水力纺纱机：能织出比以前任何线都更坚韧的线，能同时织128条线

1779年 萨缪尔·克隆普顿——骡机：能快速生产各种各样的线

1782年 詹姆斯·瓦特——蒸汽机：用来驱动生产棉布和其他织物的新机器

1785年 埃德蒙德·卡特莱特——动力织机：由蒸汽机驱动，织布速度和质量都大大提高

骡机是什么?

骡机将之前的两种发明珍妮机和水力纺纱机结合在一起。它能织出柔软结实的纱线，也可以用新式蒸汽机驱动。骡机使工厂能够大规模生产高质量纱线，一台骡机就能同时驱动1000个纺锤。

更多相关知识 ▸ 大英帝国84-85 ■ 能源与工业138-139 ■ 陆地运输142-143

什么是1688年的“光荣革命”？

“光荣革命”发生在1688至1689年之际的英格兰，当时的英格兰国王是信奉天主教的詹姆斯二世。国会议员中的新教徒们坚信天主教正在试图控制政府，于是国会推翻了詹姆斯二世的统治，并迎请詹姆斯二世信奉新教的女儿玛丽和她的夫婿、来自荷兰的奥伦治亲王威廉来继承王位。

为什么美国发生了革命？

美国人在英格兰国会中不占有议席，但却需要向其上缴赋税，这让美国人非常不满。1775年4月，美国独立战争爆发了。美国军队获得了来自法国、西班牙、荷兰等国的支持。1783年，战争结束，英国承认美国独立。

▲1776年7月4日，美国的13块前英属殖民地共同签署了《独立宣言》。

为什么法国发生了革命？

18世纪的普通法国人过着贫穷的生活，他们在长时间工作的同时，还需要向国家交纳重税。而法国国王路易十六和贵族阶级却不需要缴税而坐拥财富。1789年，法国政府实际上已经崩溃，一系列的欠收意味着人民正在挨饿，这些因素加在一起导致了法国人民的起义。

▼1789年法国大革命爆发，巴黎起义市民从古老的巴士底狱里释放了许多政治犯。君主制度最终被推翻，革命也在1799年结束。

为什么俄国发生了革命？

1917年，在富有的沙皇尼古拉二世的统治下，生活着许多忍饥挨饿的农民。超过200万俄国士兵在一战中阵亡，国家政权也变得摇摇欲坠。俄国的士兵和农民们再也无法忍受这种状况，他们在彼得格勒（圣彼得堡）发起总罢工，沙皇尼古拉二世被迫退位。

▼在俄国革命之后，弗拉基米尔·列宁领导的共产主义小组布尔什维克夺取了政权。

沙皇和他的家族后来怎么了？

1917年10月，布尔什维克推翻了沙皇的统治。最初沙皇和他的家族成员被囚禁了，但在1918年春天他们被押解前往乌拉尔山的一座小镇。1918年7月，沙皇和他的妻子、4个女儿、儿子和随从们被带到地下室并枪决。沙皇和他的妻子、3个女儿的尸体在枪决后的80多年里一直不知去向，而在2007年沙皇另两个孩子的尸体被找到了，并在两年后通过DNA检测确定了他们的身份。

▶俄国的最后一位沙皇尼古拉二世和他的妻子亚历山德拉及5个孩子。

更多相关知识 ▶ 古代美洲80-81 ■ 大英帝国84-85 ■ 犹太教和基督教120-121

为什么会有黑奴制度？

16世纪的美国和西印度群岛建立了许多大型种植园，里面种植甘蔗、棉花、烟草等等，这需要大量的劳动力。起初，来自英国、法国和西班牙的白人定居者在种植园里劳作，但没有后继者想要经历危险的航程来横渡大西洋。最终，商人们开始强行掳走非洲人，并将他们作为奴隶卖给种植园主。

▲奴隶被种植园主买下之后，负责种植和采摘棉花。这些棉花主要出口英国，随着英国对棉花需求的增长，美国对奴隶的需要也不断增长。

▲奴隶们被迫在美国南部各州的大种植园里采摘烟叶。

什么是三角贸易？

直到1750年，英国最有利可图的贸易路线是众所周知的三角贸易。欧洲商人带着满载制成品的商船前往西非，在那里用商品交换奴隶。奴隶们被带往加勒比海地区和美国，卖给种植园主；同时商人在那里向种植园主购买烟草、棉花或蔗糖带回英国，赚取更多的利润。

◀从西非海岸到加勒比海地区或美国的航程大概需要6个星期，这期间奴隶们被密密麻麻地塞在甲板下。

奴隶们在船上过着怎样的生活？

奴隶船上的生存条件骇人听闻。一艘船上最多可以装下700名戴着手铐脚镣的奴隶。船舱里的空气污浊，让人热得难以忍受，晕船的人随处可见。卫生设施的短缺使热病、痢疾、天花等流行病频频发生。绝食的奴隶会被强迫进食，而那些死去的奴隶则会被抛尸大海。数据显示，17世纪晚期五分之一的黑奴死在了奴隶船上。

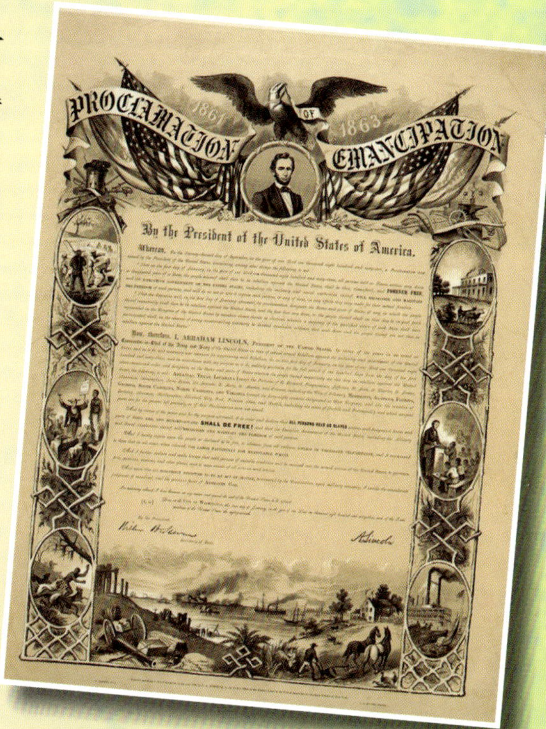

▶1863年，美国总统亚伯拉罕·林肯通过《解放奴隶宣言》解放了联邦政府统治区域内的所有奴隶。

谁是废奴主义者？

废奴主义者是指一群为结束英国和它的殖民地上的奴隶贸易而共同努力的人们，威廉·威尔伯福斯在英国国会领导了这一运动。1807年，英国的奴隶贸易制度被废除；1833年，《奴隶制度废除法案》在国会通过。所有英属殖民地上的奴隶都被解放了。

◀用手铐脚镣囚禁奴隶并不稀奇，奴隶们没有任何人权，并被视为奴隶主的私人财产。

什么是美国内战？

美国内战的交战双方是支持废奴的北方各州和反对废奴的南方各州。南方各州组成了邦联，并计划建立一个独立于北方的国家。1861年战争爆发，经过一系列血腥的战斗，在1865年以南方的失败而告终。

更多相关知识 ▸ 非洲60-61 ■ 工业革命86-87 ■ 海上运输144-145

第一次世界大战在哪里爆发？

1914年，第一次世界大战在欧洲爆发。战争初期，欧洲分裂为两大阵营：协约国（俄国、法国、英国）和同盟国（德国、奥匈帝国、土耳其）。1914年6月28日，奥匈帝国王储弗朗茨·斐迪南大公和妻子在波斯尼亚的萨拉热窝遇刺。他们的死亡成为第一次世界大战全面爆发的导火索。

▼1918年4月3日，美国士兵在西部前线与德国军队交火，西部前线是同盟国与德国的交战区域。

什么是堑壕战？

在法国和比利时，士兵们在地上挖掘战壕以躲避炮火。在进攻中，军队先朝敌人开炮，之后步兵们冲出战壕，这时他们常常正对敌人的火力范围。从1917年起，德国使用具有潜在致命性的化学武器——芥子气，来攻击战壕。

第一次世界大战是怎样结束的？

1918年10月，同盟国对德国边境发起最后一击，1918年11月11日，战争结束。1919年6月28日，德国签署了正式的和平协议《凡尔赛条约》，其中限制了德国陆军和海军的规模，迫使德国为挑起战争负责。

什么是纳粹党？

纳粹党是德国的一个政党，由阿道夫·希特勒领导。纳粹党人认为，犹太人和共产党人对德国来说都是危险分子。同时，他们主张废除《凡尔赛条约》，并联合所有讲德语的人群组成一个新的国家。希特勒重建了德国的海军和其他军事力量，计划重新占领德国在《凡尔赛条约》中失去的土地，同时还要占领新的领地。1939年9月1日，德国入侵波兰。9月3日，英国对德宣战，第二次世界大战爆发。全球60多个国家、四分之三的人口卷入了这次大战。1945年，德国战败，第二次世界大战结束。

◀希特勒是个出色的演讲者，煽动了很多德国人支持他。

▼作为“最终解决”的一部分，超过60万犹太人被纳粹杀害。

什么是大屠杀？

从1941年开始，纳粹开始实施一项被称为“最终解决”的政策：不论男女老幼，对犹太人进行种族灭绝。最初，成千上万的犹太人被行刑队处决；后来，死亡营、集中营逐渐在德国、波兰和其他德国控制区建立起来。犹太人在毒气室里被杀害。

更多相关知识 ▸ 北欧48-49 ■ 南欧50-51 ■ 东欧和中欧52-53

什么是冷战？

从1945年到1991年苏联解体为止，美国、西欧与苏联、东欧之间表现出激烈对抗，这被称为“冷战”。在第二次世界大战之后，美国和前苏联成为世界上的超级大国，但两国在意识形态上有极大的差异。苏联政府是共产党人领导的，而美国对苏联怀有敌意。

在越南发生了什么？

越南分裂为两部分：北方（共产党控制）以及南方。1958年，越南北方进攻南方地区。美国派遣军队协助南方政府，一场激烈持久的战争爆发了。在冗长的外交谈判之后，美国军队于1973年离开越南。南方军向北方投降，越南重新统一。

▶将近6万美国士兵和20万越南人在越战中死亡。

东欧剧变是指什么？

1989年，在东欧的波兰、匈牙利、捷克斯洛伐克、罗马尼亚等国，非共产主义政党通过选举上台，1991年12月25日，苏联解体，分裂为许多独立的共和国。

▼1989年11月9日，分隔社会主义东德和民主西德的柏林墙被推倒，德国重新统一。

中国是怎样发展的？

在过去，中国人很少前往西方世界，也只有非常少的西方人到过中国。现今，中国成为世界上发展最迅速的国家之一，吸引外资进行生产，并将产品销往世界各地。中国正在以更开放的心态与西方世界交往。

▲今天的中国是世界上发展最快的经济体，它正在经历所谓的第二次工业革命。

印度的发展速度有多快？

虽然经历了经济危机，印度的经济仍然保持增长。印度成为继中国之后，发展速度最快的经济实体。然而，印度的一些关乎人类发展程度的指标还是令人担忧，其中包括文盲率、卫生设施和卫生保健的普及率、贫困率等。然而，这个有着超过10亿人口的国家也正在缓慢的改变。2009—2010年，印度吸引的海外投资高达200亿美元。

◀中国的迅速发展需要大量的能源，这也使中国成为世界上污染最严重的国家之一。

更多相关知识 ▸ 古代美洲80-81 ■ 东欧和中欧52-53 ■ 古印度70-71

什么是恐怖主义？

恐怖主义是指有计划的暴力行为，目的在于杀伤尽量多的人，并造成惊慌、破坏和恐惧。恐怖主义常被极端政治力量或宗教力量所使用。恐怖行为包括绑架和在人群聚集的地方制造爆炸等。自杀式炸弹袭击者通过引爆自己来完成对人群的攻击。

▶2008年，恐怖分子策划了对印度城市孟买的一系列袭击，他们的恐怖袭击持续了将近3天。

什么是反恐战争？

2001年9月11日，恐怖分子袭击了美国纽约的世贸中心和华盛顿的五角大楼，造成了数千人的伤亡。人们认为是奥萨马·本·拉登和他领导的基地组织策划和执行了这次袭击。在阿富汗塔利班政府拒绝交出本·拉登之后，美国领导的多国联合部队攻击了阿富汗。

▲美国对阿富汗的进攻导致塔利班政府在2001年垮台，如今在阿富汗执政的是通过民主选举上台的政府。

更多相关知识 ▶ 北美洲44-45 ■ 南亚56-57

文化与艺术

艺术起源自哪里？

▲这幅马的油画是在西班牙阿尔塔米拉发现的远古洞穴绘画。

最早的艺术家是旧石器时代（距今20万年到250万年前）的史前洞穴画家。他们把矿物颜料和动物脂肪混合在一起，在洞穴的墙上都有描绘动物、猎人和精灵的形象。那时还没有文字，艺术是一种交流思想和情感的方式。

所有的文明都创造了艺术吗？

多数艺术描绘了特定时代、特定地域和特定文化。那些绘制捕猎动物场景的史前洞穴艺术家画出了他们看到的东西。古埃及人相信有来生。他们的艺术就包括精美的葬礼用罐子、墓穴画、人像和木乃伊棺材等对死者的来生有用处的东西。古希腊人认为男女诸神和普通人的行为举止差不多，只是他们拥有强大的力量而已。古希腊的雕像和浮雕主要表现神和人引人入胜的传奇功绩。

▶盖在去世于3000多年前的埃及法老图坦卡蒙脸上的黄金面具。古埃及人相信这个面具能够帮助法老的灵魂认出自己的身体。

世界上最著名的画是什么？

列奥纳多·达·芬奇画的《蒙娜丽莎》有500多年的历史，世界闻名。这幅无价的艺术杰作现在藏于巴黎卢浮宫博物馆。每年数以百万的人来欣赏这幅画，但是令很多人吃惊的是，这幅画很小（77厘米长53厘米宽）。这幅画描绘了佛罗伦萨城一个丝绸商的妻子。

▲罗马西斯廷教堂天花板上，16世纪米开朗基罗绘制的《创造亚当》，这是世界上最著名的壁画之一。

什么是艺术运动？

艺术运动是在特定时间内流行的艺术样式。历史上有很多艺术运动。文艺复兴艺术是始于15世纪意大利的艺术运动，在接下来的200年里席卷欧洲。文艺复兴艺术描绘了圣经中的宗教场景。艺术家巴勃罗·毕加索是立体主义艺术运动的艺术家之一，这一运动始于20世纪初。立体主义从非洲艺术中借鉴了灵感，强调在绘画和雕塑中使用方形的表现形式。

巨大的翅膀表现出圣米迦勒是一位战斗天使

龙在西方象征邪恶

▲文艺复兴艺术家拉斐尔画的《圣米迦勒》描绘了大天使米迦勒屠龙的场面

世界上最昂贵的艺术品是什么？

总的来说，雕塑不如绘画那么受关注，但是私人艺术收藏家或热爱艺术的有钱人会在拍卖会上为他们喜欢的艺术品付出高价。卖给私人收藏者的艺术品价格通常不公开。2007年，艺术家达米安·赫斯特创作的一个镶钻石的骷髅卖出了1亿美元。2006年，杰克逊·波洛克创作的一幅名为“5号”的抽象表现主义绘画卖出了1.4亿美元。

◀这个白金镶钻石的骷髅头只有牙齿是来自真人的。这个作品的名字是“为了上帝之爱”。

更多相关知识 ▶ 古埃及68-69 ■ 古希腊74-75 ■ 文学108

世界上最古老的建筑是什么？

很多古老的建筑很久以前就已经倒塌并消失了。有一些古建筑是世界最古老建筑的候选者，但绝大多数都已经是废墟了。日本考古学家在东京附近发现了一座建于50万年前的茅屋遗迹（由人类的祖先直立人建造）。一些现存已知的最古老的复杂建筑物是新石器时代建造的。世界各地都能发现这些建筑物的遗址。

▲马耳他哈扎·伊姆巨石阵神庙（由巨大岩石建造）建于新石器时期。这座神庙现在是世界文化遗产。

古代世界的七大奇迹是什么？

古希腊作家将七座建筑评为七大奇迹。它们是：埃及吉萨的大金字塔；巴比伦空中花园；阿尔忒弥斯神庙；奥林匹亚的宙斯神庙；哈利卡纳苏斯的摩索拉斯王陵；罗得岛巨像和亚历山大灯塔。其中只有吉萨的大金字塔幸存下来。其他的都在很早以前被地震摧毁了。

◀巴比伦空中花园于公元前600年左右建于今天的伊拉克，现在它已经不存在了。

世界上最怪异的建筑是什么？

人们经常被怪异、不同寻常的建筑物吸引。一些最怪异的建筑物是私人住宅，有的像鞋，有的像船、飞机甚至马桶。很多怪异的建筑物是博物馆和教堂。世界上最大号的篮子也是一座建筑物！西班牙巴塞罗那的圣家族教堂是一座于1882年开工建造的教堂。它有很多精美的塔楼和雕塑，看起来就像是融化的童话城堡。

▶ 位于俄亥俄州的隆格伯格篮子公司总部看起来就像是个篮子，连把手都有。

什么才是优秀的建筑物？

建筑师们认为，优秀的建筑物应该结实、实用、美观。很多现代建筑师遵循“形式服从功能”的信条。这意味着建筑物的用途是决定建筑物怎样建造及其外观的重要因素。和其他艺术一样，建筑也有很多艺术运动和艺术样式。建筑物的形式取决于它的大小、建造时代、建筑技术以及建筑材料。

◀ 宾夕法尼亚州的流水住宅是建筑师弗兰克·劳埃德·赖特的代表作。这栋于1936年建在瀑布上的房子现在是一座博物馆。

▼ 捷克共和国首都布拉格的齐齐柯夫电视塔就像一个耸立于城市上空准备发射的火箭。

世界上最难看的建筑是什么？

很多建筑评论家认为布拉格的齐齐柯夫电视塔、巴黎的蓬皮杜中心和马里兰州巴尔的摩的莫里斯·A.麦凯尼克剧场是全世界最难看的几座建筑。齐齐柯夫电视塔是混凝土柱子和信号传送站的混合物。蓬皮杜中心是一个图书馆和博物馆，所有的水管、通风管和供暖管道都暴露在外面。麦凯尼克剧场因其令人厌烦的盒子状混凝土表面而备受批评。

更多相关知识 ▸ 美索不达米亚66-67 ■ 古希腊74-75 ■ 早期人类178

音乐是一种语言吗？

和语言一样，音乐能够传达很多东西，例如音乐创作者的文化、历史背景和所处的地理位置。音乐也可以写成别的音乐家能看懂的书面形式。这种书面形式的音乐叫乐谱。乐谱由五线谱上书写的一系列音符、附点、连线和谱号等等组成。

谁是世界上最伟大的音乐天才？

很难说谁最伟大，因为音乐天才实在很多。沃尔夫冈·阿马迪乌斯·莫扎特（1756—1791）、弗兰茨·李斯特（1811—1886）和彼得·伊里奇·柴科夫斯基（1840—1893）是三位在年幼时就已经创作了许多交响乐和歌剧的作曲家。莫扎特6岁开始举办音乐会。李斯特9岁第一次举办音乐会。柴科夫斯基4岁左右就开始创作了。流行音乐中，迈克尔·杰克逊（1958—2009）6岁就开始登台唱歌了。

▲小莫扎特和他的父亲、姐姐一起演奏音乐。

交响乐队规模有多大？

交响乐是为乐队创作的长篇音乐作品。乐队由演奏不同乐器的很多乐手组成。小乐队有50人，称作室内管弦乐队。大的乐队大约有100人，称作交响乐队或爱乐乐队。

▼交响乐队的乐手按照所演奏乐器的种类分成几组：木管、铜管、打击乐、弦乐。

▶迈克尔·杰克逊6岁的时候就和兄弟们组成了杰克逊五兄弟乐队开始演出。他后来成为最受欢迎的独唱歌手。

声音最大的摇滚乐队声音有多大？

摇滚乐因响亮的鼓声和吉他声而著称。很多乐队自称是声音最大的乐队。包括音乐在内，声音的强度以分贝计算，从0到140。听100分贝以上的声音超过一分钟会导致听力丧失。摩托头乐队的演出达到了130分贝，亲吻乐队的音乐会达到过136分贝。专家认为，130分贝的声音会让听众很难受。

▲美国摇滚乐队“亲吻”演奏声音很大的音乐，穿着十分奇特的衣服，化妆也很怪异。

保持节奏

优秀的音乐家善于控制时间。在音乐中，时间就是节奏，是音乐的速度。节奏是有规律的脉动。演奏时，有的乐手会用节拍器控制节奏。一首歌的节奏经常改变。节奏变化能够影响一首作品的情绪，能够改变音乐带给人们的感觉。

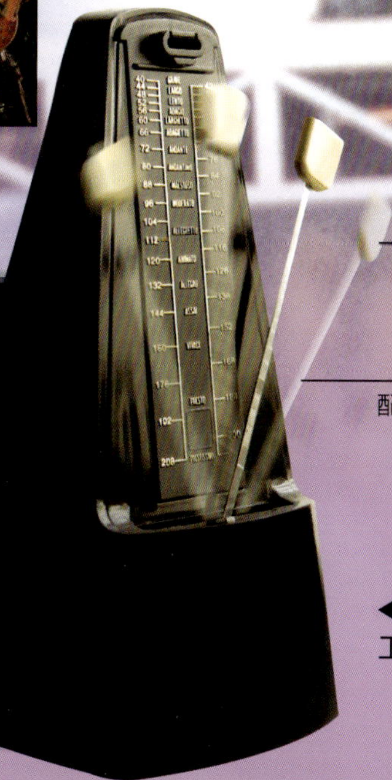

◀机械节拍器依靠发条装置工作，摆针能够显示节奏。

更多相关知识 ▶ 戏剧104-105 ■ 电影106-107 ■ 文学108

最早的剧院是什么时候建的？

古代文明的大多数戏剧是在室外露天剧场中演出的。最早有记载的剧院位于古埃及。古希腊人是戏剧的狂热爱好者。事实上，英文剧院一词就出自古希腊语，意思是“观看的地方”。

◀意大利西西里岛陶尔米纳的古希腊剧院，直到现在还接待观众。

剧作家是做什么的？

剧作家，也叫戏剧家，编写并排演戏剧。他们创作故事和角色、编写对话，以便在舞台上演出。威廉·莎士比亚（1564—1616）可能是最著名的英语剧作家，他写了38部戏，所有的这些戏今天都还在上演。

▶威廉·莎士比亚被称为“埃文河的游吟诗人”。

▼这幅版画描绘了莎士比亚的喜剧《仲夏夜之梦》里的场景。

◀卡塔卡利是源自南印度喀拉拉邦的一种古老舞剧形式。

▼化妆在卡塔卡利剧当中非常重要，可以告诉观众很多关于角色的信息。英雄和神常常涂成绿色，而反面人物则化红色的妆。

舞台剧与电影电视的表演有什么区别？

舞台演员在剧院的观众面前表演，演出的戏剧性较强，肢体语言很多。他们要训练声音，以便让剧院最后一排的观众也能听见。舞台演员还要吸引并引导观众的注意力。影视演员则相对更为“静止”，他们的演出更加接近观众们的日常生活。

▶舞台面具经常表情夸张，这幅马赛克大概是公元2世纪的作品。

油彩和粉饼

舞台上的演员经常在脸上化妆。古代的演员用有害的化学物质在脸上画出白色和红色，反复这样化妆会使他们生病。后来的演员用白垩、烟灰和墨汁化妆，以便在灯光较暗的剧场里加强自己的脸部特征。19世纪50年代，一位德国演员将动物油脂和颜料混合在一起，创造了称为油彩的新型舞台妆。浓重的油彩妆会在热热的灯光下融化，然而它仍然是标准舞台妆，直到1914年人们发明粉饼为止。

悲剧和喜剧有什么区别？

喜剧和悲剧是两种不同形式的戏剧。戏剧经常包括各种矛盾冲突。喜剧用幽默的形式讲述故事，而悲剧则用痛苦的形式讲述。古希腊人在舞台上用带有不同表情的面具转换角色。

更多相关知识 ▶ 古埃及68-69 ■ 古希腊74-75 ■ 电影106-107

什么是无声电影？

▲奥古斯特·卢米埃尔和路易斯·卢米埃尔兄弟是电影业的先锋。19世纪时，他们第一次给观众播放“连续影像”。

所有的早期电影都是无声电影，没有对话。同时，这些电影也没有颜色，是黑白的。演员用戏剧性的动作讲述故事，关键的故事细节和台词以字幕的形式出现在荧幕上。电影院里，钢琴师或管风琴师们为电影配乐。一些电影院的管风琴甚至能够模拟雷声和奔马声。

什么是奥斯卡奖？

奥斯卡奖是由美国电影艺术与科学学院颁发的一项著名奖项的昵称。奥斯卡奖也叫学院奖，每年一度在众星云集的好莱坞颁奖。奥斯卡奖有最佳表演、最佳导演、最佳化妆以及很多其他奖项。自1929年电影艺术与科学学院创立以来，已经颁发了3000多个奥斯卡奖杯。

◀奥斯卡金像是由不列颠合金制成的，外面镀金。

为什么好莱坞对电影业而言如此重要？

好莱坞历史上曾经是世界上最大、最著名的电影制片厂的所在地。它也是美国乃至西方电影史上的一个标志。1906年这里诞生了第一部电影。20世纪20年代时，很多电影工作室在好莱坞落脚。尽管现在大多数电影工作室位于好莱坞之外，但好莱坞这个名字仍然是灯红酒绿的娱乐场所和明星的代名词。

▼坐落于加利福尼亚州洛杉矶的好莱坞因其流光溢彩的历史而被称为花花世界。

▼大多数印度宝莱坞电影是歌舞片，制片人把预算中的绝大部分花在拍摄歌舞场景上。

▲最新的电影展板和海报为印度城镇的街道增色。

哪个国家拍的电影最多？

印度是电影爱好者的国度！印度拍摄了最多的电影，每年能卖出36亿张电影票。印度的制片人每年制作1000多部电影，包括30多种语言，比第二大电影生产国美国还要多出几百部。印度有1万多个电影院。印度电影业的中心在孟买，俗称宝莱坞。

手绘动画片

自第一部简笔画动画片《幻影集》以来，动画片已经走过了漫长的道路。这部制作于1908年的法国影片只是一连串的简笔画。手绘动画需要在透明的醋酸纤维胶片上画出每一幅场景，上色，然后一个一个拍照，做成动画。这一过程现在已经被电脑动画取代了。

▲如今大多数动画都是完全由电脑制作的，例如《怪物史莱克》和《冰河世纪》。

第一本书是什么时候出现的？

第一本印制的书是8世纪时中国的木版书。不过人们显然很早以前就开始写书了。古代的作家把他们的作品写在石头上、粘土版上或羊皮纸上。世界上最早的活字印刷出现于1439年，这一发明改变了世界。它能让更多的人读更多的书，书籍相关的产业也就此兴起了。

◀制作木活字首先要抛光木头，然后在上面刻上字母。

▲木版印刷诞生于中国，它本身就是一门艺术。书的内容先刻在木板上，然后再印在纸上。

什么是畅销书？

据说圣经是有史以来最畅销的书，一共卖出60多亿本。畅销书就是在特定地区销售排行榜上位于前列的书。一些书在一个国家、一种语言里畅销，但另一些则风靡全球。书店里有不少能提供图书销售情况的畅销书榜单。

▶哈利·波特系列小说已经在全世界卖出了数亿本。

▶《毛主席语录》是有史以来最畅销的书之一。

最长的诗是什么？

最长的诗是古印度梵文史诗《摩诃婆罗多》。这是一部关于英雄故事的长诗。《摩诃婆罗多》有10万多行，180万字。它讲述了两个皇室家族争夺王位的故事。这首诗曾经被改编成很多戏剧、电影和电视剧。

更多相关知识 ▸ 古代中国72-73 ■ 电影106-107

体育与休闲

第一届奥林匹克运动会是在哪儿举办的?

第一届奥林匹克运动会于公元前776年在古希腊的奥林匹亚举办。4世纪时，罗马帝国禁止举办奥运会。1896年，第一届现代奥运会在希腊雅典举办，奥运会复兴了。

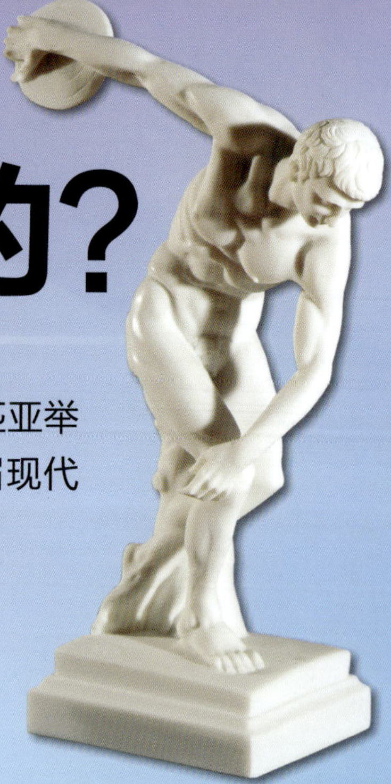

▲掷铁饼者是最为著名的奥运会形象。这个雕像展现了一个正准备掷铁饼的古希腊运动员。自1896年以来，铁饼一直是一项主要的竞技项目。

有多少运动员参加奥运会?

1896年雅典奥运会只有不到250个运动员，绝大多数来自希腊和附近的欧洲国家。2008年北京奥运会，来自200个国家的11000多名运动员参加了300多个运动项目，例如田径、举重、自行车、曲棍球等等。

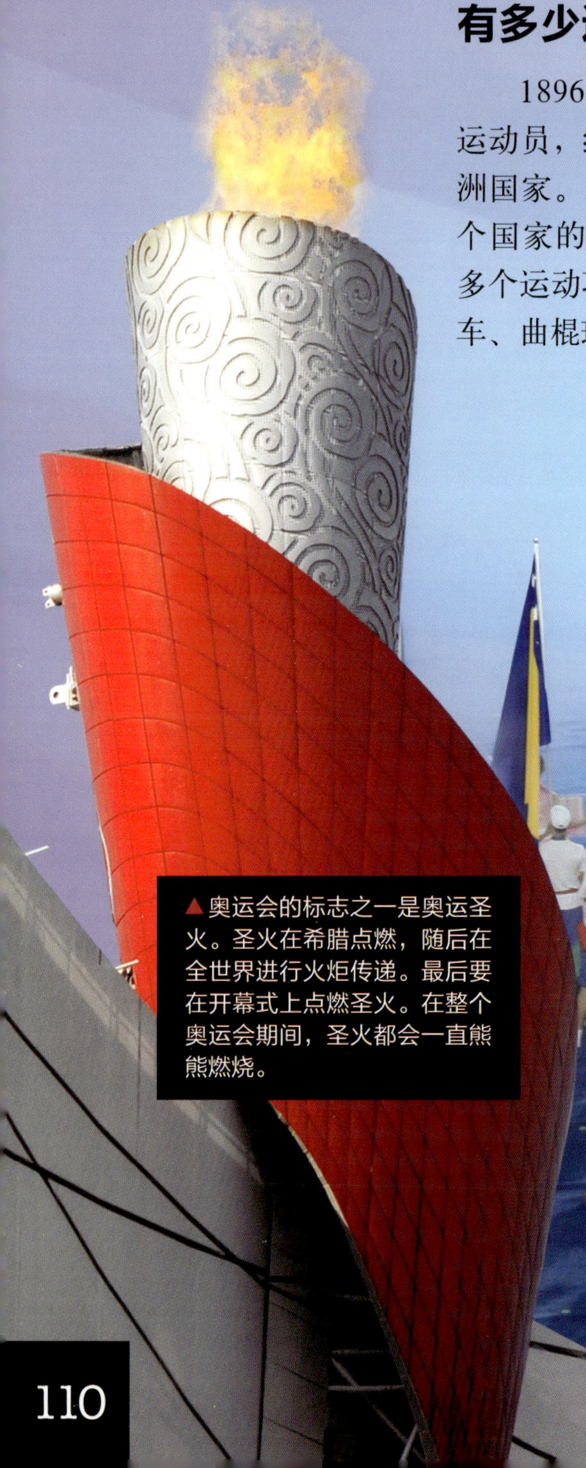

▲奥运会的标志之一是奥运圣火。圣火在希腊点燃，随后在全世界进行火炬传递。最后要在开幕式上点燃圣火。在整个奥运会期间，圣火都会一直熊熊燃烧。

▼15000多人参与演出了2008年北京奥运会的开幕式，全世界数以亿计的观众聚在电视机前收看。

哪些运动已经不再是奥运会项目了？

一些体育运动已经不再是奥运会项目了，例如槌球、拔河、长柄曲棍球。2008年奥运会也是棒球和垒球的奥运谢幕演出。早期运动会还有一些不寻常的项目，例如双手掷标枪、单手举重。1900年运动会甚至有一个项目是骑马跳远。随着时间推移，也不断有新的项目进入奥运会，1996年山地自行车加入，到2016年，7人橄榄球和高尔夫球也将加入奥运会。

▲两位跆拳道选手在2008年奥运会上角逐。2000年跆拳道成为奥运会的正式项目。

谁是最伟大的奥运会运动员？

谁是有史以来最伟大的奥运会运动员一直是一个有争议的问题。苏联体操运动员拉里萨·拉蒂尼娜得过最多奖牌（9块金牌，5块银牌，4块铜牌），而美国游泳运动员迈克尔·菲尔普斯得过最多的金牌（14块）。英国划桨手史蒂夫·里德格雷夫保持着连续5次奥运会夺冠的辉煌纪录。其他运动员，例如德国人鲁兹·隆格和巴西运动员万得利·德·里马则因展现出了真正的运动员精神而名垂奥运史册。

▶2008年奥运会的田径明星是尤塞恩·博尔特，他打破了100米、200米和4X100米接力的世界纪录。这位牙买加人首次参加奥运会就夺得3块金牌。

冬季奥运会

包括滑雪、滑冰、单板滑雪和冰球在内的独立的冬季奥运会最早于20世纪20年代举行。和夏季奥运会一样，冬奥会也是4年举办一次。第21届冬奥会于2010年在加拿大温哥华举办，第22届冬奥会将于2014年在俄罗斯索契举行。

◀雪橇是最受欢迎的冬奥会项目之一。在这一运动中，参赛队要坐在重力驱动的雪橇车里，看谁最先到达冰道的终点。

更多相关知识 ▶ 古希腊74-75 ■ 球类运动112-113 ■ 水上运动和雪上运动116-117

哪种球类运动最受欢迎?

足球被认为是世界上最受欢迎的球类运动，全世界有3亿多人踢足球。最著名的足球比赛是世界杯足球赛。200多个国家在这个四年一度的赛事中争夺32个决赛资格。

▶巴西队是最成功的男子足球队。他们夺得过5次世界杯冠军。女子足球队中，美国队和德国队最成功。

什么是点球决胜?

当两队平局时，就要进行点球决胜。每个队要在距球门11.1米远的地方罚5次点球。罚球队员必须把球踢进对方守门员身后的球门内才能得分。如果还是平局，两队就要继续罚点球，直到有一方踢不进为止。

▲无挡板篮球比赛中，队员不能运球或带球跑，这是无挡板篮球和篮球的最大区别之一。

篮球和无挡板篮球有什么区别?

篮球场上每队有5名队员，无挡板篮球则有7名队员上场。两种运动都是把球扔进篮筐里才能得分。无挡板篮球中成功投篮得1分，篮球则有可能是1分，也有可能是2分或3分。无挡板篮球一开始是作为篮球的替代品，供女子参加。但现在两种运动都同时有男女运动员参加。

哪种球类运动每队上场队员最多？

橄榄球联盟每队有15个队员上场，澳式足球每队有18个队员。但是队员最多的是美式橄榄球。尽管同时只能有11个球员上场，但一个完整的球队一共有46个队员，分成进攻队员、防守队员和特殊队员三组。当本队得球时进攻队员上场，他们的任务是达阵得分。当对方得球时防守队员上场。当踢定位球或弃踢的时候特殊队员上场。

▶ 美式橄榄球里一次成功的达阵得5分。当队员在达阵区接到球或带球冲进达阵区就是达阵成功。

什么是发球？

网球比赛中，选手要站在球场的底线处发球。选手将球高高扔起，然后将球拍挥过头顶击球。选手可以让球旋转，旋转的球从地面上弹起来的时候会改变方向，这样对手就接不住了。顶级选手击出的球速非常快。

合适的球

高尔夫球是一个套着硬壳的小橡胶球，上面有300多个小坑

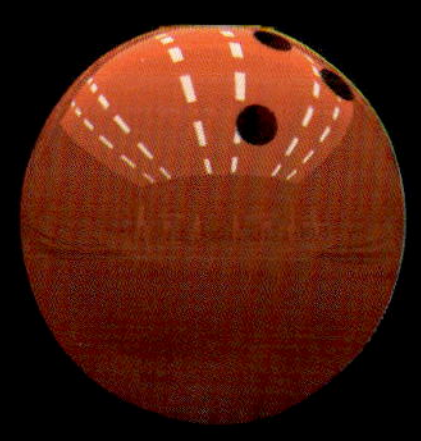

保龄球又大又重，上面有三个洞。比赛用球重达7.26千克

橄榄球联盟的球是椭球型的，可以用脚踢也可以用手传

◀ 2008年温布尔登网球赛上，大威廉姆斯的一次发球速度达到了208千米/小时。

更多相关知识 ▶ 奥林匹克运动会110–111 ■ 水上运动和雪上运动116–117 ■ 室内运动118

哪种赛车类运动在椭圆形赛道上举行？

一些赛车类运动不在赛道上而是在野地上举行。然而很多赛车和自行车运动在没有其他车辆的光滑赛道上举行。美国印第赛车和纳斯卡赛车在椭圆形的场地上比赛。这些椭圆形赛道和公路一样，是沥青碎石路面。其他使用椭圆形场地的比赛，如微型赛车和摩托车比赛，路面上会覆盖一层土，以便车辆进行漂移转弯。

▲纳斯卡大赛中的赛车能以超过300千米/小时的速度在赛道上飞驰。比赛竞争激烈，在很多圈的赛程中保持领先位置很不容易。

为什么赛车要进站？

参赛队的各种设备都位于维修站中。维修站和赛道之间以维修站通道相连。当赛车需要加油、修理或者更换轮胎的时候车手就要进站。每一秒钟都要算在比赛时间里，所以维修小队要进行分工，并且经常进行演练，以减少赛车在维修站内停留的时间。

▼7人的纳斯卡赛车维修队可以在15秒内完成一次进站停留。在一级方程式比赛中，加油和更换四个轮胎不到7秒就能完成。

▲摩托车手穿着结实的皮衣皮裤，膝部和肘部有额外的衬垫，以便在高速翻车时提供保护。

赛车手和摩托车手如何保护自己？

赛车手的衣服、赛车本身以及赛道都能提供保护。赛车手和摩托车手戴着头盔，在外衣下面从头到脚穿着一层防火衣。很多赛车有额外保护，例如防滚架，这是一种结实的金属笼子，在赛车翻车的时候，可以保护车手不被车顶和车侧面挤压。赛道上设有铺了碎石和大捆稻草的保护区，以便在赛车冲出赛道时使其减速。

最快

一级方程式赛车是最快的赛车之一，能达到360千米/小时。MotoGP摩托车赛差不多也能达到这个速度。但真正最快的是加速赛车大赛中的赛车。这些赛车从静止加速到160千米/小时仅需要不到1秒，速度最高能达到500千米/小时，为了能停下来，这些赛车配有减速伞。

拉力赛有多长？

拉力赛是对赛车的性能、耐力、可靠性和速度的严酷考验，世界拉力锦标赛赛程长1200到1700公里，要花上几天才能赛完。每一场拉力赛都分成不同的站。拉力赛车要与时间赛跑，争取以最短的时间完成每一站。

▶达喀尔拉力赛是世界上最长的拉力赛之一。2009年阿根廷和智利举办的拉力赛赛程长达9500千米。拉力赛分为轿车组、摩托车组和卡车组。

更多相关知识 ▶ 奥林匹克运动会110-111 ■ 水上运动和雪上运动116-117 ■ 室内运动118

最受欢迎的
雪上运动是什么？

滑雪是世界上最受欢迎的雪上运动。这项运动要站在细长扁平的滑雪板上，从积雪覆盖的山坡上滑下来，或者沿坡度和缓的乡间平地滑行。全世界有数以百万计的人热爱滑雪。在没雪的地方也有数以千计的人们滑旱雪或是进行室内滑雪。

◀高山滑雪者从陡峭的山坡上滑下，比谁滑的更快。在障碍滑雪和大回环赛中，选手需要按照顺序从旗门中钻进钻出，同时还要滑得尽可能快。

滑雪杖可以帮滑雪者滑得更快，也能用来保持平衡，尤其是急转弯的时候

现代滑雪板是用卡夫拉碳纤维做成的，既结实又轻

哪种冬季运动使用冰刀？

冰球、速度滑冰和花样滑冰都要穿冰刀。冰球是团体项目，两队各派7人上场比赛。选手在冰场上滑来滑去，用冰球杆击球，球是用橡胶做的圆盘。速度滑冰是围绕椭圆形场地进行的竞速赛。在花样滑冰中，单人选手或一男一女双人选手在音乐的伴奏下进行优美的表演。

▲德国曼海姆冰球赛上，加拿大队和德国队激烈争球。

赛艇和皮划艇有什么区别?

赛艇和皮划艇都是水上运动。赛艇选手要背对前进方向划船。他们划动一面有桨叶的船桨，让又长又窄的赛艇在水中前进。皮划艇运动员要面对前进方向，他们的桨两面都有桨叶。高超的皮划艇运动员可以用桨控制方向、减速，甚至能倒划。

▶ 激流皮划艇运动员在湍急的水流中争分夺秒，他们必须按顺序穿过两道门。

水球

水球是水中进行的团体球类运动。1900年奥运会第一次出现了男子水球，整整100年后才有女子水球。水球两队各7人，争夺一个漂在水上的球。队员们互相传球，争取把球扔进对方的球门里得分。

什么是混合式游泳?

游泳运动中有4种泳姿，即蛙泳、仰泳、蝶泳和自由泳。混合式游泳要使用全部4种泳姿，每种要游相同的距离。个人混合泳是一个人完成4个部分。团体混合泳是接力赛，一共4个队员，每人完成一个部分。当一个队员完成自己的部分时，下一个队员跳下水开始下一个赛程。

▲大多数游泳运动是在25米或50米长的游泳池里进行的，短距离游泳可能仅需要游一个或几个泳池长度就可以了，而长距离游泳可能要游5千或1万米。

更多相关知识 ▸ 奥林匹克运动会110-111 ■ 球类运动112-113 ■ 赛车运动114-115

哪种运动在室内进行？

很多室外运动也有室内版。冬天，很多田径运动在室内进行，例如跳远和铅球。经常在室内举行的竞技运动包括台球类（如斯诺克）、体操、壁球、乒乓球和羽毛球。

▶室内田径200米赛。有的场地在弯道处有斜坡，可以帮助运动员转弯。

羽毛球比赛是怎样进行的？

羽毛球可以单打也可以双打，是一种速度很快的运动。选手们要把羽毛球打过场地中间的球网，所谓羽毛球是一个插了羽毛的软木塞。羽毛球实行三局两胜制，每一场谁最先得到21分谁就获胜。

▲羽毛球重5克。

什么是台球运动？

台球运动包括斯诺克、英式台球、美式台球等等。选手用木质长棍（台球杆）撞击桌上的球，将它们打进桌上的6个口袋之一。在斯诺克比赛中，一共有8种颜色21个球。从1分的红球到7分的黑球，不同颜色的球分值不同。如果一个不漏地将多个球连续打进口袋，就称为单杆得分。斯诺克中最高的单杆得分是147分。

▲不同种类的台球比赛球的大小、颜色和图案也不同。

艺术体操和竞技体操有什么区别？

艺术体操要在音乐的配合下表演各种优美的舞蹈般的动作，还要使用各种器械，例如彩带、球、圈、棒和绳。竞技体操则在固定的器械上表演，包括跳马、平衡木、双杠等等。竞技体操中只有自由体操要配乐。

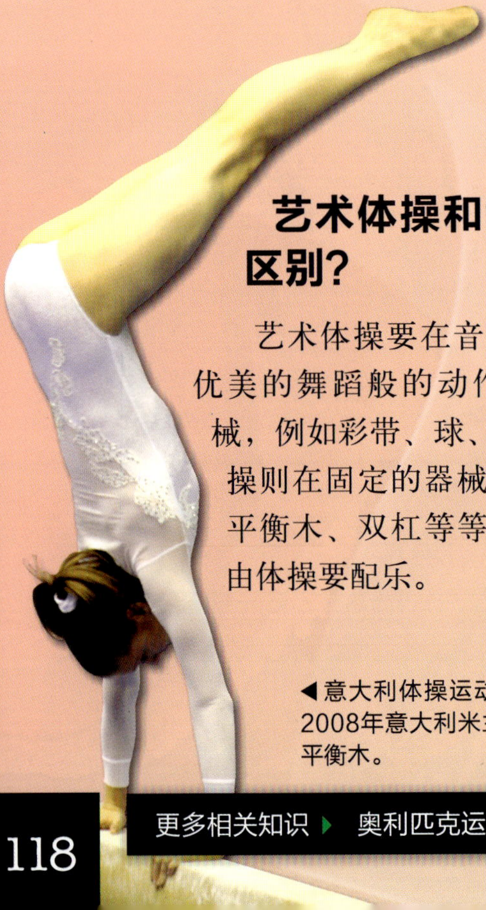

◀意大利体操运动员莉亚·帕罗拉里在2008年意大利米兰的体操大奖赛上表演平衡木。

更多相关知识 ▶ 奥利匹克运动会 110-111 ■ 球类运动112-113

世界宗教

犹太教和基督教
有哪些共同点？

犹太教和基督教都是一神论宗教，也就是说，它们的信徒都只崇拜一个神。一神论就是只有一个神的意思。世界上最主要的四种一神论宗教是犹太教、基督教、伊斯兰教和锡克教。这些宗教的信徒们都要定期集会，阅读圣书，并向神寻求生活的指引。

▼梵蒂冈的圣彼得大教堂。全世界天主教教会的首领教皇就住在梵蒂冈。

什么是基督教？

基督教是世界上最大的宗教，有22亿信徒。基督教的教义来自2000多年前生活在以色列的耶稣基督的教导。基督徒们认为耶稣是上帝的儿子。基督徒们的圣书是《圣经》，《圣经》的新约部分记载了耶稣的生平，以及他最后是怎么死的。

什么是传说中的约柜？

约柜是装有十诫石板的黄金箱。约柜曾经保存在耶路撒冷的圣殿里，当圣殿被摧毁的时候约柜丢失了。有很多关于约柜下落的传说，但是直到现在人们也没找到它。

犹太人的信仰是什么？

犹太人相信只有一个上帝，他创造了宇宙。亚伯拉罕是第一个上帝的信徒。旧约中的另一个重要人物是摩西，他为犹太人带来了托拉。托拉是包括十诫在内的上帝之法，告诉人们生活中应该遵守哪些准则。

▶成年礼上的犹太男孩。犹太男孩13岁行成年礼，女孩12岁行成年礼。这个仪式标志着孩子们进入成年，并开始履行他们的宗教职责。

为什么耶稣对于基督教而言如此重要？

耶稣是个犹太人。他四处旅行，在犹太教堂中给人们讲课，医治受苦的人。他挑战当时的宗教权威，因为他们做了很多坏事。耶稣认为应当回归对上帝的爱，但那些宗教领袖们并不听他的。最后，耶稣为了“偿还人类的罪”而被罗马人钉死在十字架上。根据基督徒们的说法，耶稣死后三天又复活了，告诉他的信徒们上帝的爱是永恒的。

▲大卫之星是犹太教的标志，以色列国旗上也有这个图案。

犹太教信仰始于什么时候？

犹太教是四种著名一神论宗教中最古老也是信徒最少的。犹太教诞生于4000多年前的以色列，如今大约有1300万信徒。根据《圣经》记载，犹太教的创始人是亚伯拉罕。他和他的儿子以撒、孙子雅各是犹太教的三位教父。

▼犹太家庭正在点亮七枝灯。七枝灯的原型是耶路撒冷圣殿中分成七枝的蜡烛台，这是最古老的犹太教标志。

更多相关知识 ▶ 古希腊74-75 ■ 印度教、耆那教和锡克教122-123 ■ 伊斯兰教124-125

印度教和其他宗教有什么区别？

印度教于4000多年前起源于印度北部印度河附近。现在，印度教是世界第三大宗教，信徒超过8亿人，绝大多数是印度人。相对于信仰，印度教更强调善行。印度教相信因果业报，人现在所做的事将决定下辈子会怎样。因果业报的思想将自由意志和命运联系在了一起。

▶印度教寺庙中精心装饰的黑天神像。印度教寺庙供奉了很多男神和女神。

印度教徒在特定的地点祈祷吗？

大多数印度教徒和其他家庭成员一起在家里祈祷。在家中，他们给男女神像献上供品。印度教寺庙中供奉着很多神，例如伽尼什和黑天。信徒们向这些神像祈祷并献上水、鲜花、水果、熏香等供品。

什么是耆那教？

据说耆那教起源于公元前650年。耆那教源自印度教，和印度教、佛教一样，耆那教也相信轮回，也就是说人死后会变成其他的样子继续活下去。耆那教徒过着极度简单的生活，希望以此逃避轮回得到解脱。耆那教徒尊重一切生命，只吃素，并且从不伤害人和其他生物。

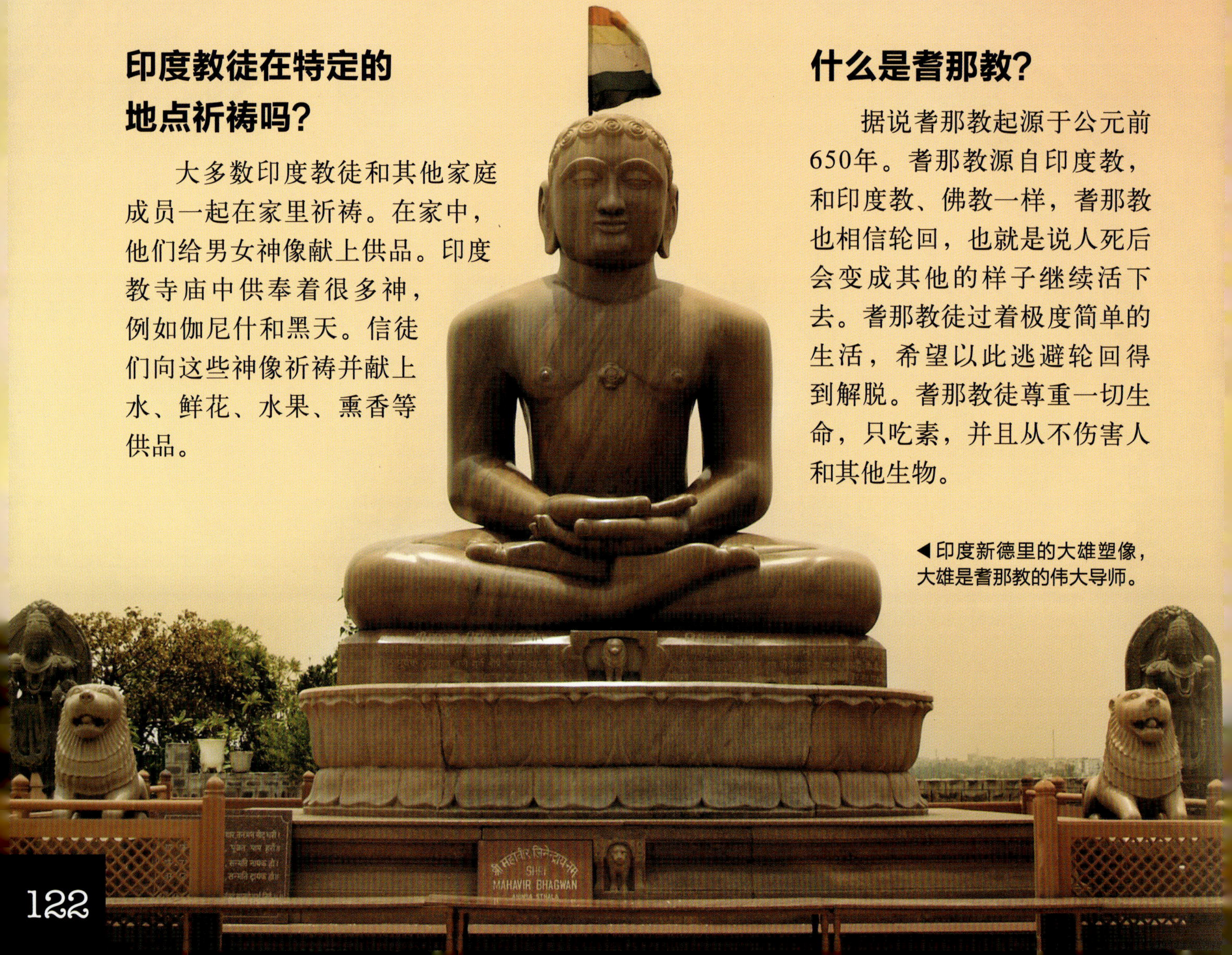

◀印度新德里的大雄塑像，大雄是耆那教的伟大导师。

▲大金庙是锡克教最神圣的地方，它位于印度旁遮普邦的阿姆利则。

锡克教是怎么诞生的？

锡克教大约500年前起源于印度旁遮普地区。如今旁遮普有120万锡克教徒。锡克教是古鲁那纳克创立的。古鲁是导师的意思。那纳克在世的时候，印度的印度教徒和穆斯林经常因宗教分歧发生纠纷。古鲁那纳克主张不同的信仰之间应互相容忍，信仰的外在不同在神看来其实并不重要。

锡克教徒信仰什么？

古鲁那纳克之后又有9位古鲁，此后，锡克教圣书《阿底格兰特》成为最后一位古鲁。锡克教徒认为只存在一个神，所有人在神的眼中都是平等的。他们认为人应当帮助别人、回报社会，并将自己的收入捐出来做善事。他们的活动由锡克教寺庙来组织管理。

▶印度教家庭正在庆祝迪瓦里节，迪瓦里节是光之节，人们点燃油灯和蜡烛表示庆祝。

什么是业？

印度教、耆那教和锡克教都相信业。大多数多神论宗教认为，人的命运是根据业，由神的意志塑造的，它取决于人自己的行为。有什么样的因就会有什么样的果，这就是因果业报。简单说来，恶有恶报，善有善报。做坏事就会遭到厄运，做好事则会得到保佑。

更多相关知识 ▶ 南亚56-57 ■ 犹太教和基督教120-121 ■ 佛教和神道教126

穆斯林们信仰什么?

穆斯林相信真主安拉是唯一的神，古兰经是真主安拉的教导。他们遵从安拉的意志，并十分尊重古兰经。穆斯林认为古兰经中的神圣词句能够教导人们如何生活。穆斯林们不供奉真主或先知的神像，因为他们认为神像是人做的，因此并不神圣，不能用来供奉。

▲阿拉伯穆斯林正在阅读古兰经。据说古兰经是真主告诉先知穆罕默德的话。

谁是穆罕默德?

穆罕默德于570年生于阿拉伯半岛的麦加。穆斯林认为他是最后一位先知，对他十分尊敬，总是默念他的名字。穆罕默德在世的时候经常到山里冥想。在那里，天使加百列给他带来了真主的信息，这些真主的话最后被记录下来，成为古兰经。

▼清真寺中的祈祷者。穆斯林要一天5次面向圣城麦加的方向祈祷。

伊斯兰教、犹太教和基督教有什么相同点？

这三种宗教都相信只有一个神。因为它们都源自神对亚伯拉罕的承诺，因此它们也合称“亚伯拉罕宗教”。三种宗教都相信人可以做善事也可以做恶事，但神希望人们行善并且帮助他人。每种宗教都有神圣的典籍，里面记载了神的教导。

▲穆斯林祈祷用的念珠，上面有99颗珠子，代表真主的99个名字。

◀印度尼西亚的穆斯林婚礼。尽管所有穆斯林婚礼都要依照伊斯兰教法，但不同国家之间仍有文化差异。

“伊斯兰”是什么意思？

“伊斯兰”是和平、谦恭和顺从的意思。穆斯林认为只有一个神，他的名字叫安拉。真主安拉通过信使和先知来解释他的话。这些先知包括易卜拉欣、穆萨、尔萨和穆罕默德。穆罕默德是最后一位先知。穆斯林们试图按照先知的教导去生活。

伊斯兰教的象征图案是什么意思？

伊斯兰教国家的旗帜或建筑物上经常出现星星和月亮。当伊斯兰教兴起的时候，中东的人们经常在夜间赶路，因为白天太热了。星星和月亮为他们照亮了夜路。这个图案象征着伊斯兰教照亮了穆斯林们生活的道路。

▶很多穆斯林国家的旗帜上都有月亮和星星。

更多相关知识 ▶ 中东和中亚54-55 ■ 犹太教和基督教120-121

佛教相信有神存在吗？

▲丹布拉金庙是公元前1年建立的洞窟庙宇。这座庙有5个石窟，里面有佛教绘画和157尊佛像。

和大多数宗教不同，佛教事实上不相信有神存在。佛教诞生于印度东北部。其教义基础是佛陀乔达摩·悉达多的教导。佛陀告诉追随者们应当克制欲望，这样才能过上更好的生活并摆脱痛苦。佛教徒通过学习佛陀的教诲和冥想来追求涅槃和大彻大悟。

▶佛教僧侣谨守清规戒律，过着简单的生活。

佛陀是谁？

乔达摩·悉达多是一位生于公元前580年的尼泊尔王子。在皇家宫殿里长大的他不知道什么是痛苦。有一天他离开宫殿去旅行，看到了忍受痛苦的人们。他试图找到摆脱痛苦的办法。最后，他大彻大悟了，并向人们传授如何开悟。

◀日本东京的神道教庙宇。

什么是神道教？

1500多年以来，神道教和佛教一直是日本的主流宗教。神道教是日本土生土长的本地宗教，意思是“神的道路”。神道教信徒崇拜称之为卡米的自然精灵，认为他们不仅能控制自然现象，也能控制人类生活。神道教徒认为自然是神圣的，他们崇拜山峰、瀑布和大树。

人们怎样同时信仰佛教和神道教？

大多数日本人同时信仰佛教和神道教。神道教告诉人们生命的奥秘，佛教则掌管死亡和死后的来生。很多神道教神社紧邻佛教庙宇。人们在庆祝婴儿出生以及参加婚礼的时候去神道教神社，在寻求精神指引以及参加葬礼的时候去佛教寺庙。

更多相关知识 ▶ 南亚（印度次大陆）56-57 ■ 犹太教和基督教120-121

科学

什么是物质？

▲固体有固定的形状。

物质无处不在。我们吃的食物、喝的水、呼吸的空气都是物质。物质存在的形式有三种：气体、液体和固体。冰块就是水的固体。融化的时候，它又变成液体。煮开的时候，水变成了水蒸气，这就是气体。

什么是气体、液体和固体？

有一定的形状和大小的是固体。木头是固体，布也是固体。固体可能很软也可能很硬，可能粗糙也可能光滑。液体则没有形状。把液体倒进玻璃杯，它就是玻璃杯的形状；倒进碗里，就是碗的形状。和液体一样，气体也没有固定的形状。把气体放进多大的容器里，它就会膨胀并填满多大的空间。

▲液体的形状和容器是一样的。

▲气体会膨胀并填满所处的容器。

物质是由什么组成的？

所有的物质都是由名为分子的小微粒组成的。固体里面分子排列紧密，使得固体有形状。液体里的分子排列得就比较疏松。气体里的分子活动空间很大，它们比液体排列得更疏松。

▼固体分子排列紧密。

▼液体分子排列得更疏松。

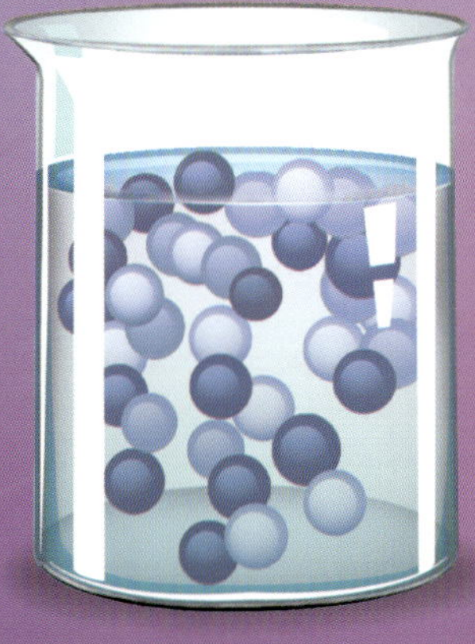

▼气体分子排列得最疏松。

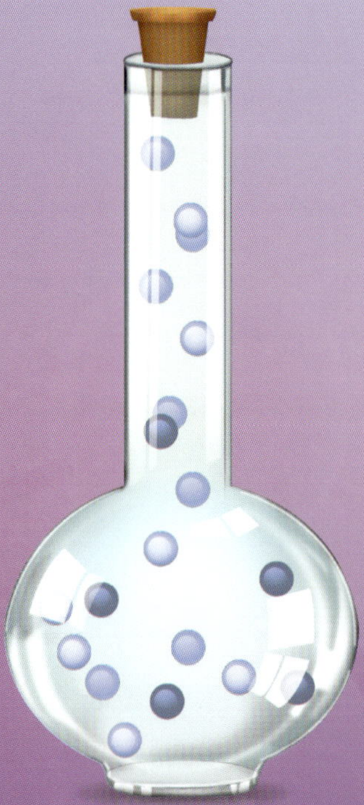

固体可以变成液体吗？

所有的物质都能从一种状态变成另一种状态。有些物质，例如水，还能变回来。冰块融化时就变成了水。水又能冻成冰。这些变了之后还能变回来的变化称之为可逆变化。

▼可逆变化：巧克力融化时就从固体变成了液体，融化的巧克力冷却时又能变回固体。

所有的变化都是可逆的吗？

一些变化是永久的，不可逆。点燃一块木头，能够得到焦炭。但焦炭变不回木头了。这种变化称作不可逆变化。不可逆变化中，一旦变了就变不回去了。做饭、烤肉、烧东西等等都包含了不可逆变化。不可逆变化经常会生成新物质。例如，所有蛋糕的配料组成了新的物质——蛋糕。一旦做出来，蛋糕就不能再变回配料了。

◀不可逆变化：玉米粒能变成爆米花，但是爆米花变不回玉米粒了。

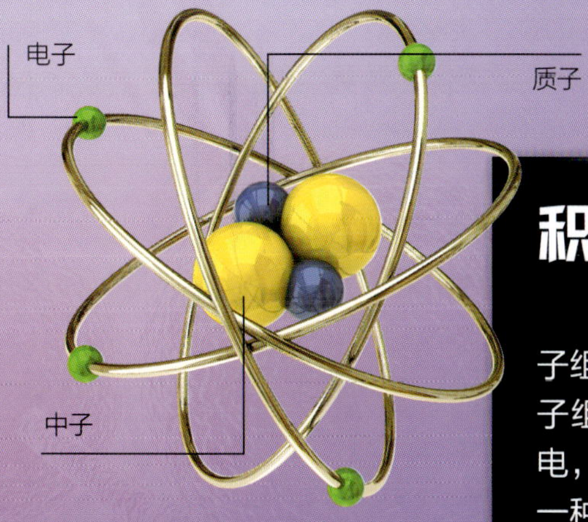

▲我们周围的一切都是由原子组成的。

积木块

分子是由更小的微粒原子组成的。原子是由更小的亚原子粒子组成的。最主要的亚原子粒子是电子、中子和质子。质子和中子组成原子核，电子围绕原子核旋转。电子带负电，质子带正电，中子不带电。不同原子的质子、中子、电子数可能不同。同一种原子组成的分子叫单质，不同原子组成的分子叫化合物。

更多相关知识 ▸ 电与磁132-133 ■ 热134-135 ■ 能源与工业138-139

声音和光
哪个传播得更快？

光的速度是每秒30万千米，声音的速度远远慢于光速，大概是每秒340米。这就是为什么我们总是先看见闪电，后听见雷声。

▼逆戟鲸用回声来导航以及在黑暗的水中寻找食物。

什么是回声？

回声就是撞到高墙或山峰这样光滑坚硬的表面后反弹回来的声音。当障碍物不近不远的时候，我们发出的声音撞在上面后过一会儿就能弹回来，于是就有了回声。障碍物越远，回声就越弱，弹回来花的时间就越长。

我们什么声音都能听到吗？

我们能不能听见某种声音取决于它的音高，音高就是频率，单位是赫兹（Hz）。我们能听见几乎所有15赫兹到2万赫兹之间的声音。人类能发出的声音大概是60赫兹。2万赫兹以上的声音称为超声。我们听不见超声，但有些动物能听见，例如大象和狗。蝙蝠能够发出超声波，在黑夜导航定向。

▶人类能够听见的声音范围随着年龄增加不断减小。

▶太阳光照在老鼠身上，反射到猫头鹰的眼睛里。这就是为什么猫头鹰能看见老鼠。

我们为什么能看见东西?

当光线照在一个物体上时，比如大树，物体的表面就会反射光线。反射光进入我们的眼睛，使我们看见东西。没有光我们就看不见东西。

关于讲话的问题

人类的喉部有声带，当空气通过声带之间的缝隙时，声带就震动发声。能够发声的动物大多具有声带。鸟类则利用气管上的骨质圆环发声，这个圆环称作鸣管。

影子是怎样形成的?

光沿直线传播。当它遇到障碍物时，影子就形成了。所有能够挡光的物体都能形成影子。玻璃这样的透明物体没有影子，因为光能够从它们身上穿过。影子的浓度和长度取决于光源的位置及其距离障碍物的远近。如果障碍物离光源近，影子就会变大。

▶当障碍物挡住光的时候就会形成影子。

更多相关知识 ▶ 太阳和太阳系10–11 ■ 通信140–141

什么是电？

原子里面有带正电的质子和带负电的电子。电子排列松散，绕原子核旋转。有时电子会跑到邻近的原子里去，这时原来的那个原子里面质子比电子多，因此就会带正电。电子比质子多的原子就会带负电。当电荷从一个原子传到另一原子时，就会形成电流。

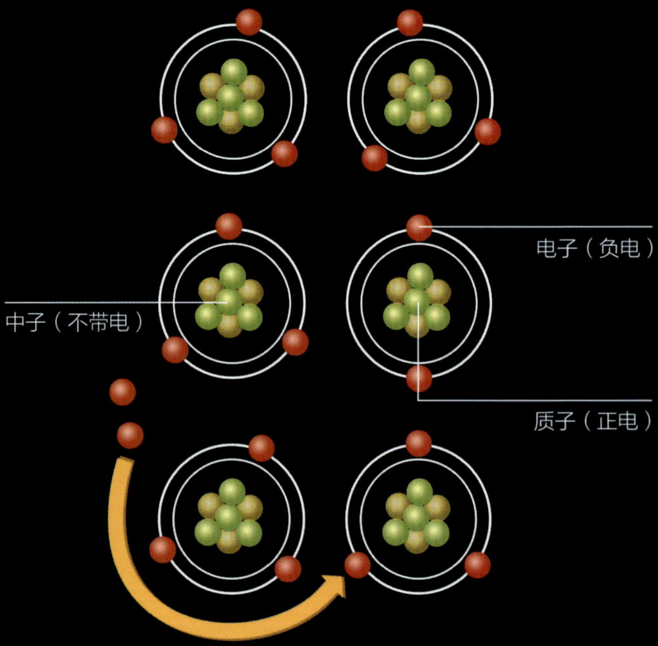

▲当原子里的质子数和电子数相同的时候，原子是中性的。但是如果原子受到了干扰，电子跑到别的原子里面去的时候，原子就会带电。

由于头发带了同种电荷，因此它们互相排斥，使头发立起来

什么是静电？

当我们摩擦带电表面的时候，例如地毯、毛毯，自由电子就会跑到我们身上来，静电就产生了。当我们接触带正电的东西时，例如金属门把手，我们身上多余的电子就会被金属物体的质子吸过去，这时就会出现一个小小的电火花。

◀范德格拉夫起电机的金属圆球会使接触它的人带上电，人的头发也会带上电。

范德格拉夫起电机是用来产生静电的装置

什么是磁铁？

能吸引铁、铬、镍这类金属的东西就是磁铁。磁铁也能吸引或排斥其他磁铁。几乎地球上的一切东西都有磁力，但是绝大多数东西的磁力都十分微弱，很难觉察到。磁铁展现出来的吸引或排斥的力叫磁力。磁力有很多用途，可以用来发电，也可以用来存储电脑中的信息。

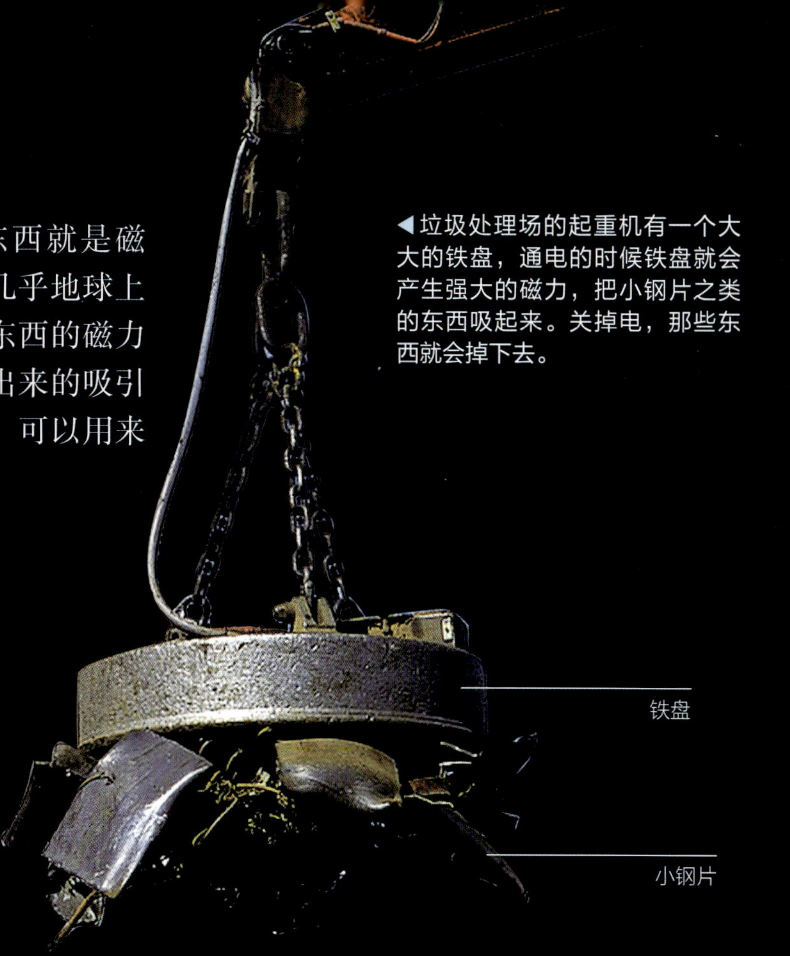

◀垃圾处理场的起重机有一个大大的铁盘，通电的时候铁盘就会产生强大的磁力，把小钢片之类的东西吸起来。关掉电，那些东西就会掉下去。

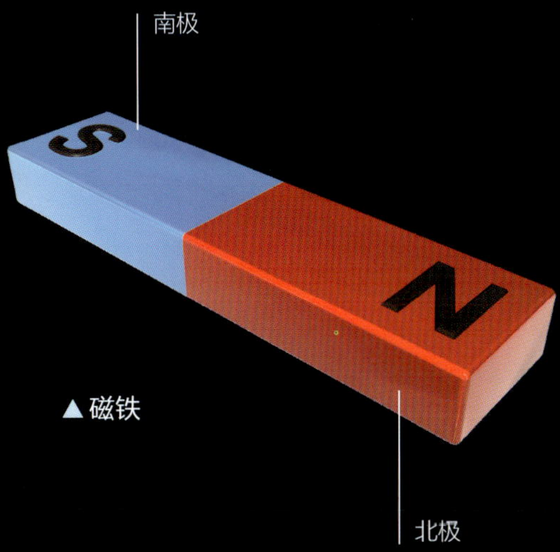

▲磁铁

什么是磁极？

所有磁铁都有南北两极。两极的磁性最强，因此磁铁吸上来的东西经常粘在两极。磁铁的北极能吸引其他磁铁的南极，南极能吸引其他磁铁的北极。简单说来就是异性相吸、同性相斥。

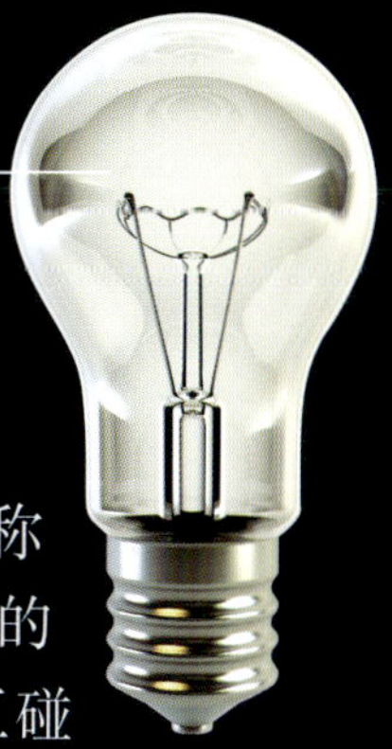

▶灯泡

电灯泡是怎么亮起来的？

电灯泡里边有细细的金属丝，称作灯丝。由于灯丝很细，电流经过的时候，灯丝里的原子就很容易相互碰撞。原子活动的增加使灯丝发光发热。最开始灯泡发红光，随着温度升高，就会变成白光。

电池的里面

所有的电池都有正负两极。电池的硬壳是锌做的，里边包裹了一根连接两极的碳棒，碳棒周围有很多黏糊糊的化学物质。这些化学物质和碳棒发生反应，产生了电，当用金属线连接电池两极时，电流就从负极流到正极。

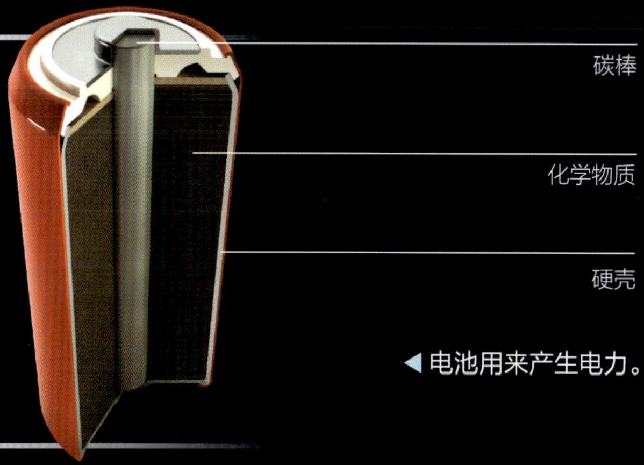

◀电池用来产生电力。

更多相关知识 ▶ 物质128–129 ■ 能源与工业138–139 ■ 热134–135

热也是一种能量吗？

设想一下把桌子从一个地方推到另一个地方。你需要能量来完成这件事。能量是做功的能力。能量的形式有很多种。热、光、声都是能量的不同形式，而且可以从一种形式转化为另一种。例如，冬天的时候，电暖气把电能转化为热能供我们取暖。

▲电暖气将电能转变为热能。

什么是热？

热是能量的一种形式。热可以在不同温度的物体之间传递。能量可以从一种形式转化成另一种形式。例如光能、声能、化学能、原子能等等都可以通过加快分子运动的速度而转化成热能。

我们怎么得到热能？

热能无处不在。太阳是最大的天然热源。厨房里，我们用热来烹饪食物。这些热能来自液化气灶或电炉。轿车、公共汽车和卡车靠燃烧汽油或柴油这类化石燃料获得热能，这样才能跑起来。甚至我们的身体也从吃进的食物中获取热能。当我们摩擦两个粗糙的东西时也能产生热能。我们消耗能量做功的时候，总有一部分能量要变成热能浪费掉。

◀太阳能电池板将来自太阳的热能转化为电能和机械能。

热能可以从一个东西上转移到另一个东西上吗?

热能能够通过传导、对流和辐射来传递。在传导的过程中，热从一个分子转移到另一个分子。两个东西必须直接接触才能进行这种方式的传递。当用锅烧水的时候，热能从炉子传导到锅，再从锅传导到锅里的水。所以只有锅先热起来水才会热。对流是热能在气体或液体中的传导方式。辐射是热能以电磁波的形式在空间中传递。太阳光就是一种辐射。

▶ 厨具是用金属做的，因为金属是热的良导体。

沸点

可以用温度计测量熔点和沸点。物质从液态变成气态时的温度叫做沸点，从固态变成液态时的温度叫做熔点。不同物质的熔点和沸点是不同的。冰的熔点是0° C(32° F)，水的沸点是100° C(212° F)。

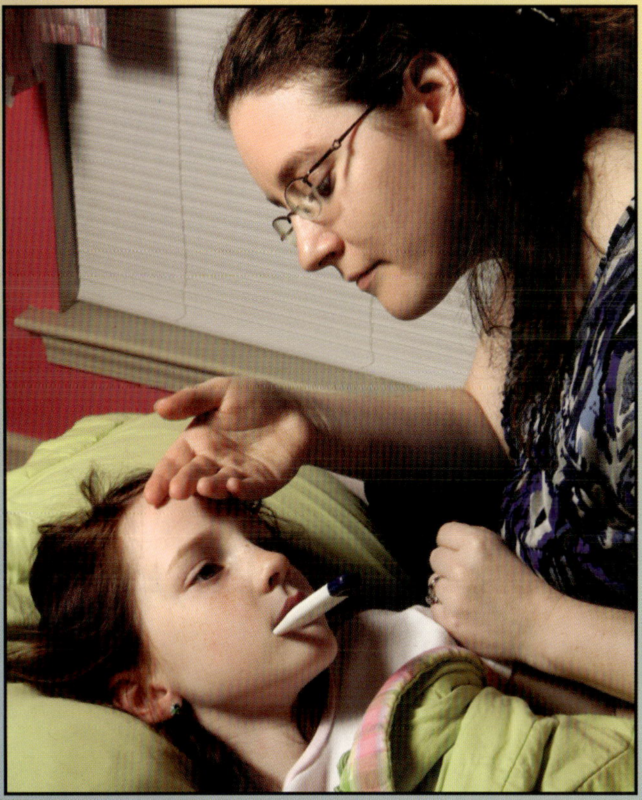

▲体温计用来测量身体的温度。

什么是热导体?

热导体是容易传导热能的物质。金属是热的良导体。这就是为什么厨具都是用金属做的。木头和塑料是不良导体。这就是为什么厨具的把手都是用木头和塑料做的，因为它们不会变热。

怎么测量热?

可以用温度计来测量。当温度计放进热的东西里时，里边的水银就会变热。水银遇热膨胀，在温度计里上升。体温计的刻度从35°C到42°C（95°F到107.6°F）。实验室温度计的刻度从0°C到100°C（32°F到212°F）。温度是衡量热的尺度。

更多相关知识 ▶ 物质128-129 ■ 电与磁132-133 ■ 能源与工业138-139

什么是力?

推或者拉都是力。力在我们生活中无处不在，我们甚至都意识不到这一点。走路、举东西、写字等等活动都要用到力。

物体可以自己运动吗?

没有力物体不能自己运动。没有力，运动的物体也不会减慢或停下来。物体保持静止或保持原来运动方式的特性叫做惯性。惯性的简单例子是足球，如果没人踢它，它会一直呆在那儿一动不动。

所有物体都沿直线运动吗?

物体会一直沿着直线运动，除非有别的力作用于它们改变它们的运动方向。当一个物体做圆周运动时，例如拴着绳子的球，有一个力作用于球，将其拉向圆心，这就是向心力。与此同时，另一个力使得球远离圆心飞出去，这就是离心力。游乐园里的过山车就是按照离心力和向心力的原理建的。

◀离心力和向心力正在起作用。

摩擦力

摩擦力是与物体运动方向相反、阻止物体运动的力。例如，在地板上滚动的球会慢慢停下来，这是因为有和球运动方向相反的摩擦力的存在。摩擦力会产生热。

▲地面越粗糙，球就越快停下来。

更多相关知识 ▸ 空间探索20 ■ 航天器148

技术

什么是产业？

产业是为一个经济体的消费而进行的商品和服务的生产。这种生产包括从纸到鞋再到电脑和航天飞机的一切东西。产业一般分三种，第一产业包括农业、采矿业、石油和化学品提炼等；第二产业包括造纸、建筑、纺织等；第三产业也叫服务业，包括法律服务、医疗卫生等。所有的产业都有一点是相同的，那就是它们都要以电或燃料的形式消耗大量能源。

▲汽车制造业是世界最大的制造产业，每年生产数千万辆汽车。

▲生物的化石化过程首先是死后被埋掉，然后在高温高压下发生化学变化，最后形成化石燃料。

什么是化石燃料？

煤、石油和天然气称作化石燃料。这些燃料是由数百万年前死去的动植物遗体变成的。沙子、粘土和石头覆盖在这些有机物上。经过漫长的岁月，高温高压使它们产生了化学变化，变成了化石燃料。

水可以用来发电吗？

河流一刻不停地流淌。当水从高处（比如山上）落下来的时候就会产生巨大的力量。这种力量可以用来推动巨型发电机旋转，随后就能产生电能。能量就是这样在大型水电站中产生的。靠水流产生电能称作水力发电。

什么是核能？

能量可以由原子核产生。当原子核分裂（核裂变）或聚合（核聚变）的时候，能量以光和热的形式释放出来。核能可以用来发电。核反应堆用一种较为稀有的铀（即铀-235）发电。铀-235的原子很容易裂变产生能量，因此可以当做燃料来发电。

什么是可再生能源和非可再生能源？

不容易再生的能源叫非可再生能源，例如煤、石油和天然气。这类能源需要数百万年的时间才能形成。如今，我们正在努力用风能和太阳能这样的可再生能源来发电。潮汐能、地热能（例如热喷泉和温泉）和生物能也是可再生能源。

◀核电站将原子核中释放出的能量转化为电能，核电站贡献了全世界15%的电能。

来自太阳的能量

来自太阳的热能可以用来发电。有两种装置可以用来捕获太阳的能量：聚光型集热器和非聚光型集热器。聚光型集热器可以用来产生较高的温度。最常见的非聚光型集热器是平板型集热器，它可以用来当做热水器或是给房屋提供采暖。

更多相关知识 ▶ 太阳和太阳系10-11 ■ 航空146-147 ■ 航天器148

什么是通信？

通信是指传递信息的行为。原始人没有语言，通过符号和手势来通信。慢慢地，人们发展出了语言和文字。如今，人们已经拥有了多种通信方式，例如写信、电子邮件和电话。

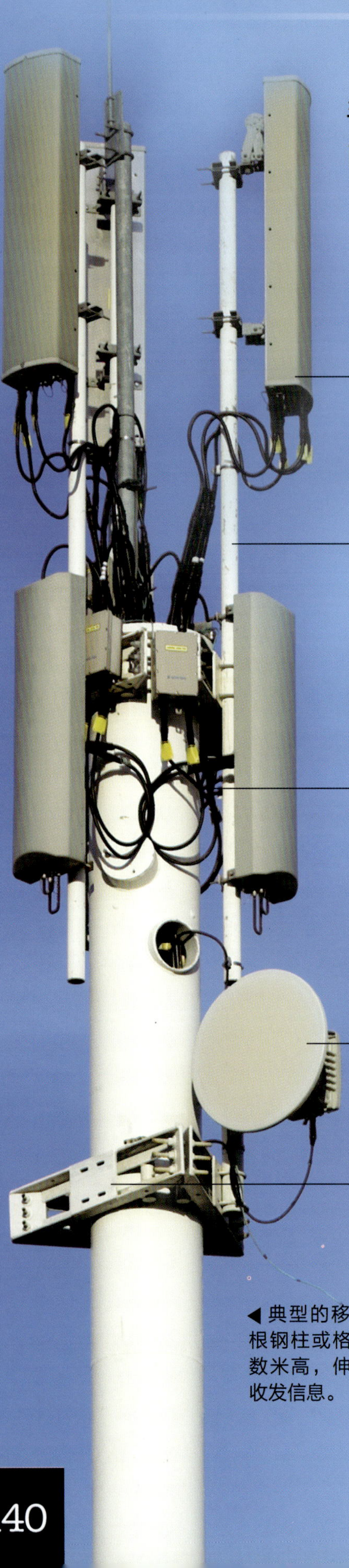

◀典型的移动电话塔是一根钢柱或格状架子，它有数米高，伸向天空，以便收发信息。

卫星是怎样为我们服务的？

卫星是以圆形或椭圆形轨道围绕地球旋转的天体。人们造出人造卫星来满足需求。卫星作为数据中心，可以收集和发送大量信息。卫星可以用来帮助人们转播电视节目、播送广播、对地球和大气层进行研究，也可以用来研究其他行星以及天文现象。卫星也可以用来进行气象预报。

最早的电话

1876年，亚历山大·格拉汉姆·贝尔发明了电话。最开始，只能是一个人说一个人听。后来，电话的改进使人们能够双向通话。

电子邮件是怎么发送的？

电子邮件是最迅速的书面通信形式。电子邮件通过因特网发送。调制解调器将电脑发送的信息转化为代码，这些代码压缩成数据包，通过电话线和卫星等不同路径以最快的速度到达另一台电脑。当这些数据包抵达另一台电脑时，再由调制解调器转化为原来的语言。

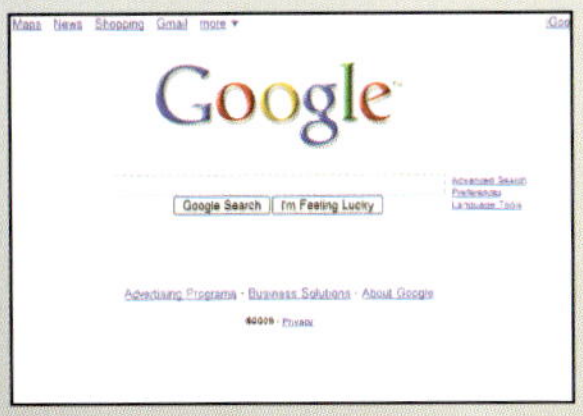

▲这是网页的样子。

▲电子邮件系统可以把文字、图片甚至是声音和影像传送给其他人。

移动电话是怎么工作的？

移动电话通过位于不同城市、乡镇甚至全国各地的中转站发送和接收信号。中转站通过卫星彼此相连。当人们从一个地方移动到另一个地方时，移动电话信号从一个中转站转移到另一个中转站，使人们能够持续通话。

▼移动电话上的SIM卡（用户识别卡）是能够存储大量信息的便携存储芯片。

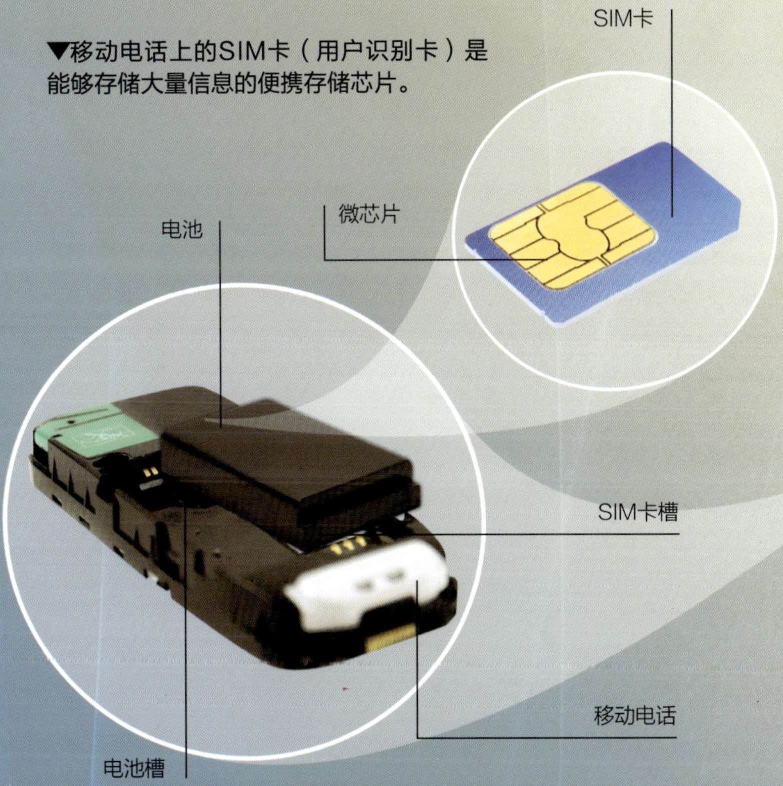

更多相关知识 ▶ 电与磁132-133 ■ 文学108 ■ 航天器148

人们怎样在陆地上旅行？

现代陆地运输包括自行车、轿车、公共汽车、卡车和火车。很久以前，人们要徒步跋涉。在驯养了动物之后，我们开始使用畜力。在公元前3500年，古美索不达米亚人发明了轮子。后来，人们把轮子装在马车上运载人和货物。

◀1908年福特T型车成为第一种大规模生产的汽车。这种车也被认为是第一种真正坐起来很舒服的车。

什么是马车？

马车是由马、驴、牛等动物拉的小车。马车曾经是最普遍的运载工具，但现在已经被轿车、摩托车这类更为快捷的交通工具代替了。尽管如此，一些发展中国家仍在短途运输中使用马车。

汽车是什么时候出现的？

第一辆汽油动力汽车诞生于1886年。一开始，汽车是手工组装的。这意味着汽车产量很低，所以价格很高。1908年，亨利·福特让汽车变得更便宜，为汽车的大规模生产铺平了道路。

所有的车都烧汽油吗？

大多数现代汽车不是烧汽油就是烧柴油。它们会排出含有一氧化碳这类有毒气体的废气。这些废气不仅污染空气，还造成全球变暖。汽车制造商们现在正在造太阳能汽车和电动汽车，这些汽车不排放废气，有利于环境保护。

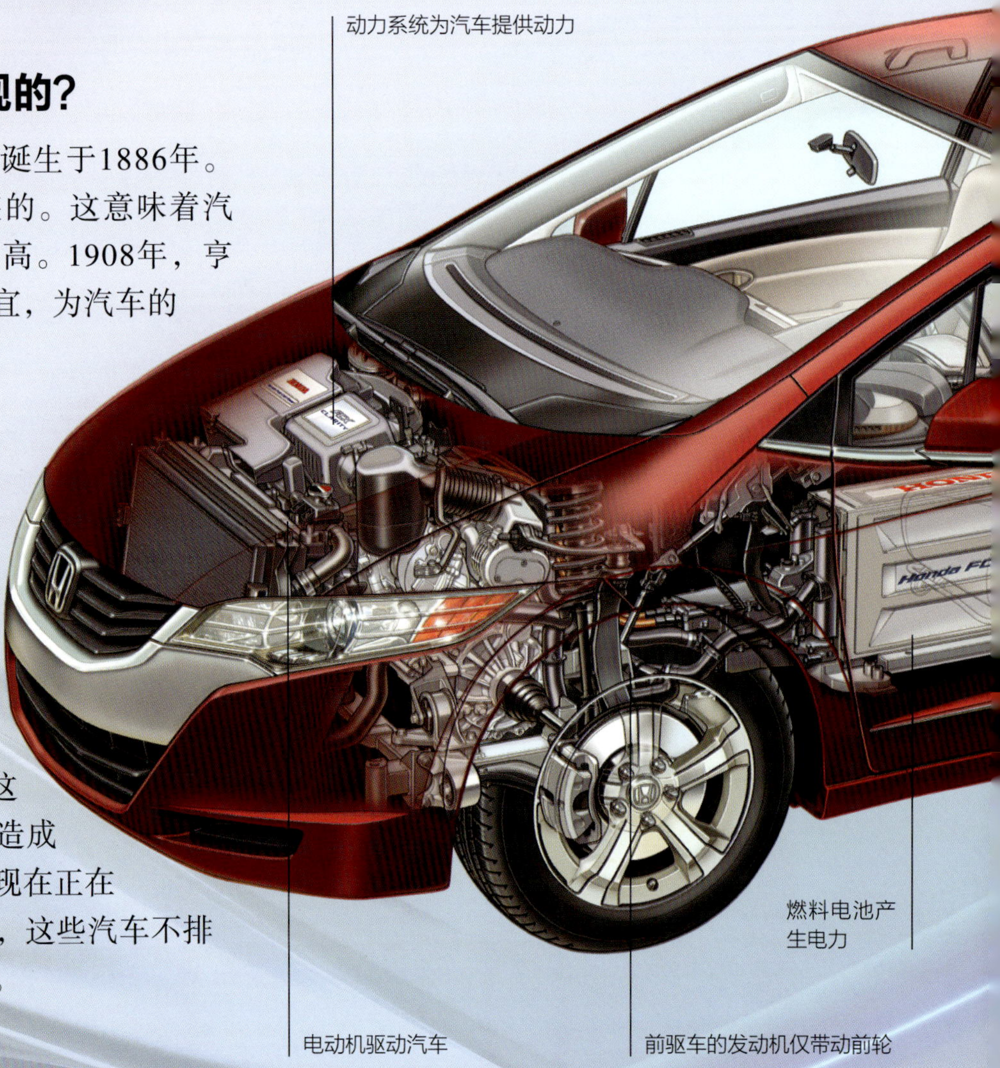

所有的火车都有轮子吗？

不是所有的火车都有轮子。一些国家已经研制出了行驶在磁铁上的高速火车，叫做磁悬浮列车。磁悬浮列车下面是磁铁，轨道则是用巨大的金属线圈做成的。火车在磁铁和金属线圈产生的力的作用下向前行驶。磁悬浮列车比普通火车更快，噪音更小。

▼本田FCX Clarity款汽车是靠氢燃料电池驱动的电动汽车。

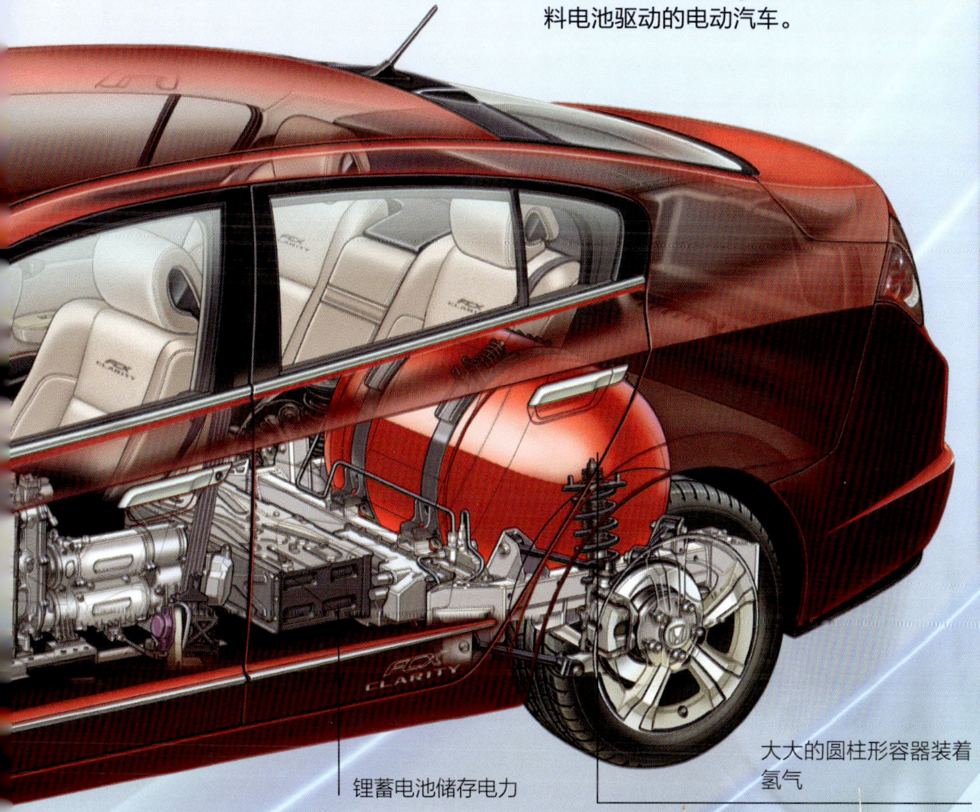

老式自行车

老式自行车也叫“震骨者”，看起来非常怪异，前轮很大后轮很小。这种自行车很不稳，而且也没有刹车，要想减速只能倒蹬踏板。

所有卡车都很大吗？

根据功能不同，卡车有大有小。大型拖车非常巨大，用来装载很重的货物，例如建筑车辆、卡车和石油。自动装卸卡车装载泥土、石头和垃圾。混凝土搅拌车用来将建筑工地上的水泥、沙子和水混合成混凝土。

▼半挂车可以拖拽很大的东西，也能拖其他汽车。

更多相关知识 ▸ 美索不达米亚66-67 ■ 海上运输144-145 ■ 航空146-147

为什么船能浮在水上？

船之所以能浮在水上，是因为它们排开了和自己重量相同的水。这就是浮力。如果船排开水的重量小于船自身的重量，船就会沉。船靠舵来控制方向。

什么是游轮？

游轮是用来进行舒适旅行的客轮。游轮里有水疗、游泳池、饭店、戏院等配套设施。最受欢迎的游轮航行在加勒比海和非洲。海上绿洲号是现在世界上最大的游轮。

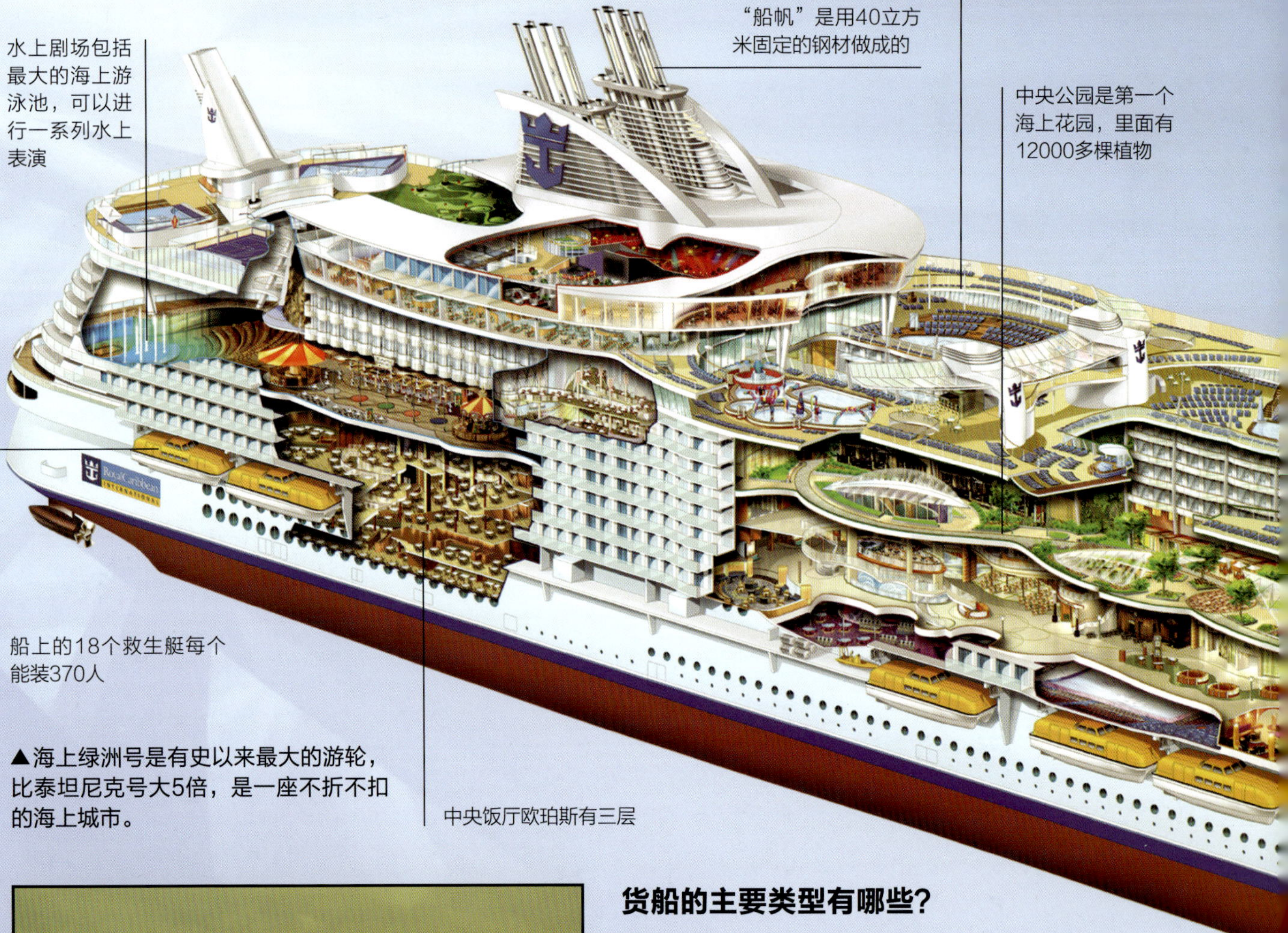

▲海上绿洲号是有史以来最大的游轮，比泰坦尼克号大5倍，是一座不折不扣的海上城市。

货船的主要类型有哪些？

货船有很多种类。一些运输干货，另一些运输化学品、石油以及天然气等流体。油轮是世界上最大的一类船。它们运输石油和天然气。冷冻船上装备了大型冰箱，这些船运输鱼、肉、蔬菜等容易腐烂的货物。滚装船用来运输汽车，它们装有滑板，以便汽车驶上驶下。

船有哪些主要类型?

除了运输人和货物外，船还有很多用途。各国的海军都有很多船舶，用来执行多种多样的任务。海军船舶从中等大小的巡洋舰、突击舰到巨大的航空母舰，有很多类型。扫雷舰用来定位和排除海中的水雷。航空母舰可以装载战斗机和轰炸机。战列舰、巡洋舰和驱逐舰负责在外海战斗。巡逻舰执行侦察任务。海军舰船还包括医院船，上面有陆地上医院的全部设施。

船可以在水下航行吗?

潜水艇和深潜器是能在水下航行的船。深潜器可以用来在深海寻找油田、探索海洋生物。潜水艇大多用于军事。有一些旅游潜水艇可以带游客参观海底。

▲美国海军洛杉矶级攻击型核潜艇斯克兰顿号（SSN—756），1991年服役。

蒸汽动力

伟大西方号是最早设计用来横渡大西洋的蒸汽动力船。它是1837年由英国工程师伊萨姆巴德·金德姆·布鲁内尔设计的。这是当时最大的蒸汽船，能容纳148人。

更多相关知识 ▶ 大海与大洋26-27 ■ 陆地运输142-143 ■ 航空146-147

第一个飞上天的人是谁?

让·弗朗索瓦·皮拉特·德·罗泽尔和弗朗索瓦·劳伦特·达兰德斯侯爵是最先飞上天的两个人。1783年，他们乘坐热气球在巴黎上空飞了25分钟。蒙特戈尔菲埃兄弟（约瑟夫－米歇尔和雅克－艾斯安）发明了热气球。

谁进行了第一次动力飞行?

奥维尔·莱特是第一个驾驶有动力飞机飞上天的人。他驾驶的是和兄弟威尔伯·莱特一起制造的飞行者号飞机。人类的这第一次有动力的飞行只持续了12秒。在这12秒内奥维尔飞了36.5米。

▶1903年12月17日，飞行者号在美国北卡罗来纳州基蒂霍克第一次飞上天。

飞机主要有哪些类型?

客机用来装载乘客。军用飞机则用来作战。最主要的两种军用飞机是战斗机和轰炸机。战斗机主要用于空战。轰炸机则用来向敌人的目标投掷炸弹。一些飞机用来运输货物，它们称作运输机。

▼一些运输机非常大，能装很重的货物，例如坦克和卡车。

旋桨既能当做直升机桨叶，也能当做飞机螺旋桨

▲美国新墨西哥州柯特兰空军基地第71特别任务大队的CV—22“鱼鹰”偏转翼飞机。

直升机有什么用途?

直升机主要用来执行救援和军事任务。直升机和固定翼飞机不一样，可以垂直起落。直升机能朝任何方向飞行，也能悬停在空中。唯一的缺点是直升机飞得不像固定翼飞机那么快。因此直升机只用于短途运输。

▲在空中悬停的能力让直升机能够完成固定翼飞机无法完成的任务。

什么是偏转翼飞机?

偏转翼飞机既可以像固定翼飞机一样飞行，也能像直升机一样垂直起降。这类飞机有巨大的螺旋桨，起飞和降落时螺旋桨朝上，就像直升机一样；平飞时螺旋桨转向前，就像固定翼飞机一样。偏转翼飞机飞行速度能够达到700千米/小时。

更多相关知识 ▸ 陆地运输142-143 ■ 海上运输144-145 ■ 航天器148

什么是空间探测器？

空间探测器是用来探测宇宙的无人飞船。它们为我们提供了大量关于包括火星和木星这样的行星在内的太阳系的信息。最早的空间探测器是水手系列，它们探测了水星、金星和火星。

▲空间探测器离开地球附近后，就会沿弹道像地球一样围绕太阳旋转。

人类能在太空生活吗？

美国国家航空航天局的国际空间站就像一个小太空实验室。宇航员和科学家们住在国际空间站里进行不同学科的实验。国际空间站始建于1998年，目前为止，已经有21组科学家和宇航员在上面居住和工作过。

能坐飞机飞上太空吗？

为了克服地球引力，飞机必须以超过每小时4万千米的速度飞行。这一速度称为逃逸速度。只有以高压下燃烧的液氢液氧混合物作为动力的航天飞机火箭，才能达到这个速度。

▼上升者号是英国公司设计的空天飞机。这种飞机的设计理念是，能够带着乘客从普通机场起飞，直接飞到太空。

太空中的安全

在太空飞行中，宇航员面临着很多危险。太空没有空气，可能使宇航员窒息而死。正因为如此，宇航员需要穿特制的太空服。太空服可以把宇航员和太空的极端温度隔绝开来。宇航员走出飞船时必须戴护目镜（一种墨镜），以保护眼睛免受太阳紫外线辐射的伤害。

更多相关知识 ▶ 空间探索20 ■ 航空146-147

人体

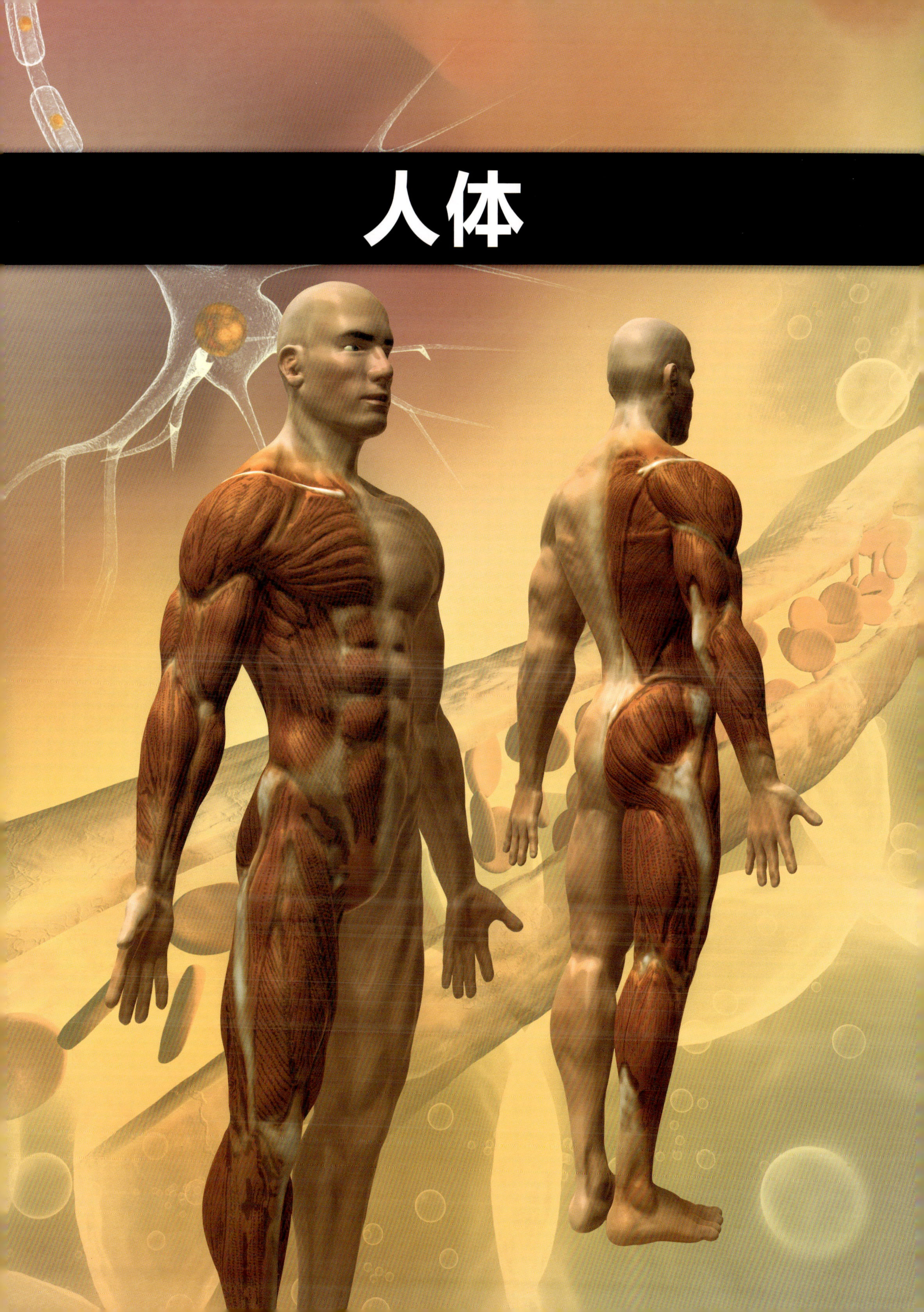

我们为什么有骨头?

我们身体的绝大部分都是柔软的，但人类的骨骼却是十分坚硬的结构，它使我们的身体定型，并支撑、保护着这个身体。骨头之间有可动的关节，这使得骨头能在肌肉的牵引下运动。每块骨头都有特定的形状，以便为身体提供必须的支撑，同时保护脑和心脏这样柔软的内部器官。如果没有骨头的话，我们就不能站立、行走，甚至连坐下都办不到了。

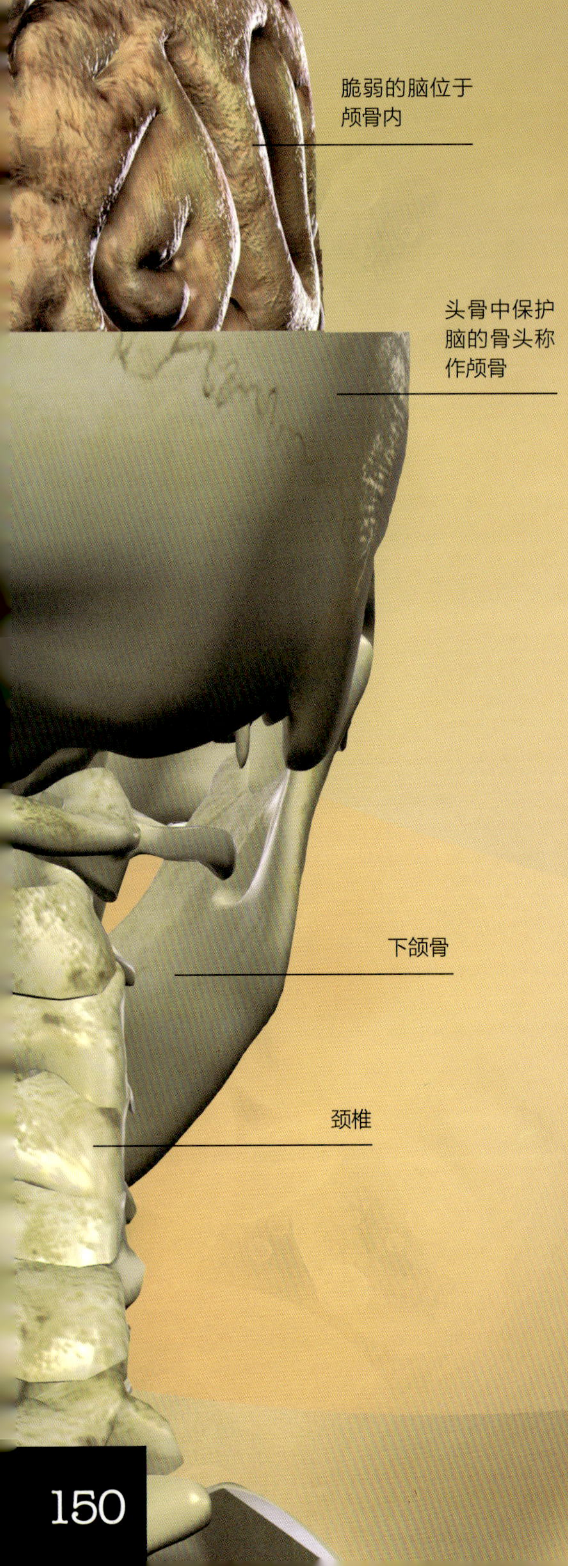

骨头是由什么构成的?

骨头是由活组织构成的，里面有血管穿过。骨头一开始只是柔软有弹性的软骨，后来慢慢变成坚硬的真正骨头。骨能储存和释放钙这样的矿物质（牛奶、奶酪、西兰花等食物里都含有钙）。红细胞和白细胞就是在较大骨头的骨髓里产生的。

人有多少块骨头?

人有206块骨头。我们一生下来的时候有300块，但是随着我们的成长，其中的很多后来都愈合在一起了。骨头主要包括两部分，即中轴骨和附肢骨。中轴骨包括颅骨、脊柱、肋骨和胸骨；附肢骨包括上肢骨和下肢骨。人体一半以上的骨头都在手和脚上。

骨头主要有哪些类型?

人体最长的骨头是股骨（大腿骨）。最小的骨头是内耳的镫骨。脊柱由33块连在一起的小骨头组成。颅骨由扁平骨组成。肋骨形成胸廓，保护心脏和肺。

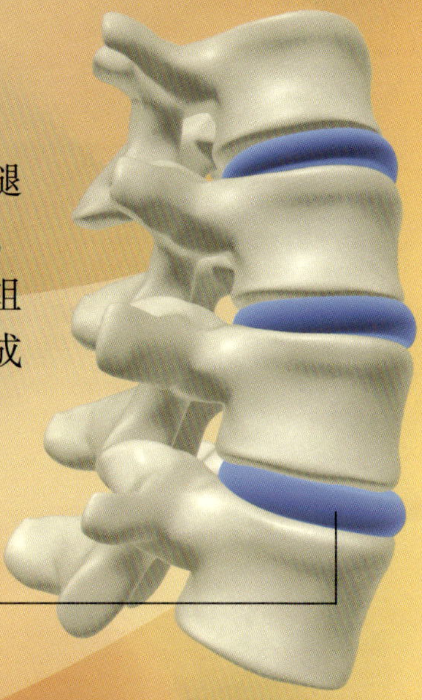

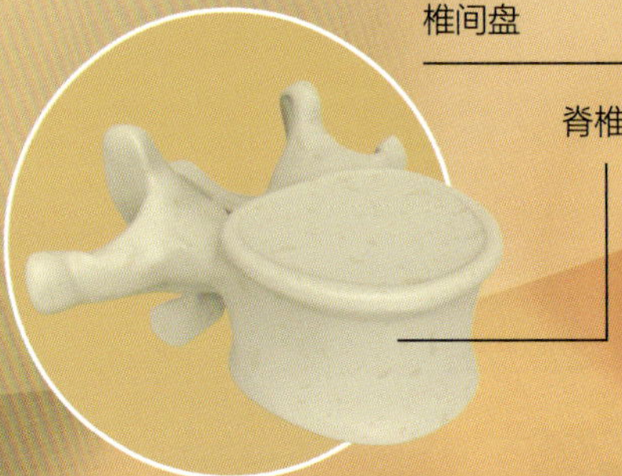

▲脊柱（脊椎）由33块脊椎骨组成，这些骨头保护着脊髓，椎间盘在椎骨之间起缓冲作用。

男人和女人的骨头有区别吗？

男人的骨头一般说来比女人大而且重。男人的四肢骨更粗更长，所以胳膊和腿也更长，骨节也更大更突出。女人的骨盆更宽，胸骨更宽更短，腰更细。男人和女人的肘关节角度也不一样。

什么是骨连接？

骨头和骨头之间靠骨连接连接在一起。骨连接有很多种：固定连接或缝合连接（如颅骨），铰接关节（如手指、脚趾、肘和膝盖），球窝关节（如肩膀）。骨头靠结实的韧带连接成关节。

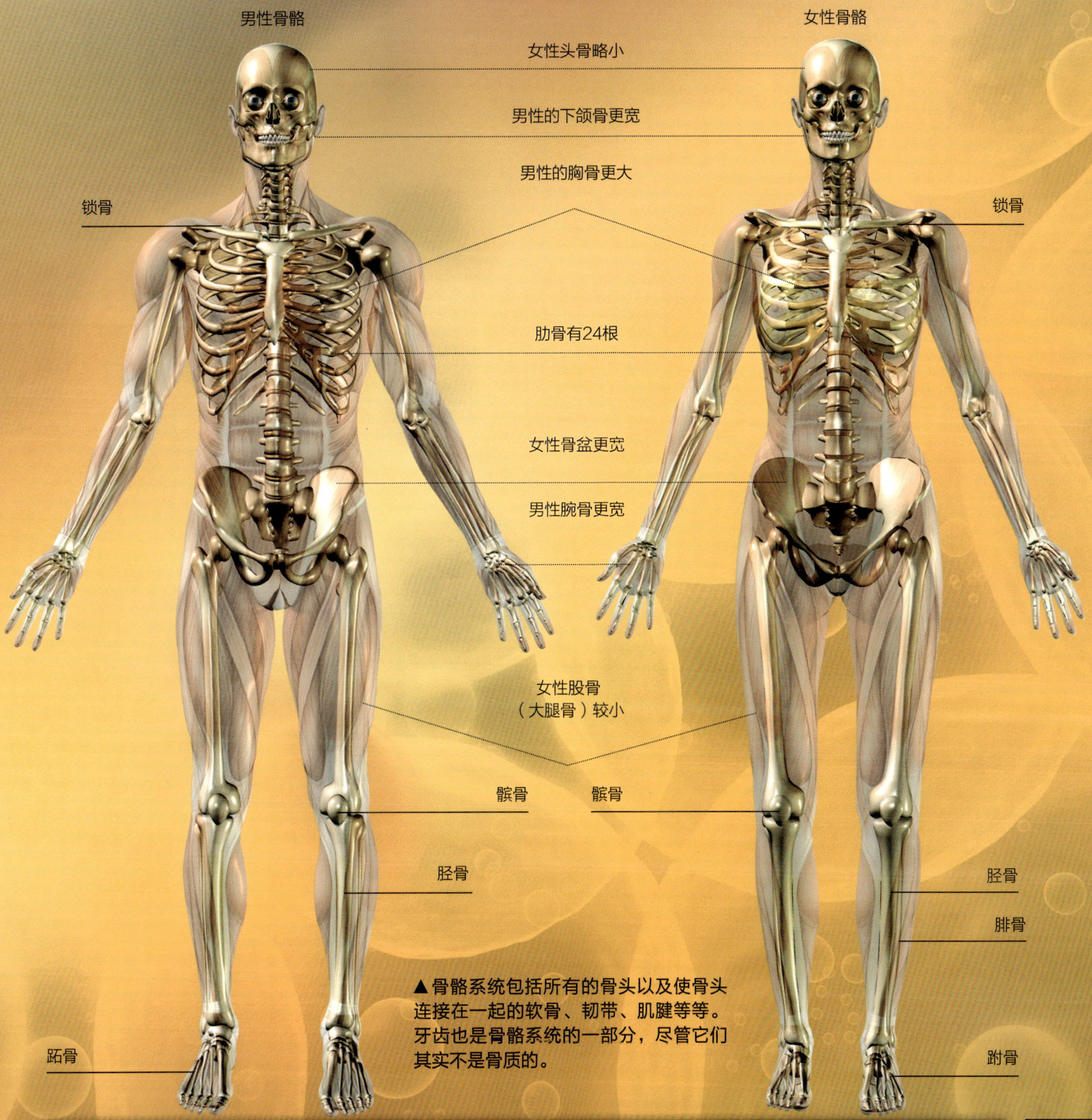

▲骨骼系统包括所有的骨头以及使骨头连接在一起的软骨、韧带、肌腱等等。牙齿也是骨骼系统的一部分，尽管它们其实不是骨质的。

更多相关知识 ▸ 心脏156-157 ■ 肺158 ■ 脑159

肌肉和皮肤有什么用处？

皮肤是人体最大最重的器官。它是身体的保护层，是内部器官和组织与外界之间的屏障。皮肤将体液、盐分、软组织留在体内，将细菌、水和有害的太阳射线隔在体外。肌肉位于皮肤下面，使我们能够运动。没有了肌肉，我们不能走路、不能吃饭，连眨眨眼都做不到。

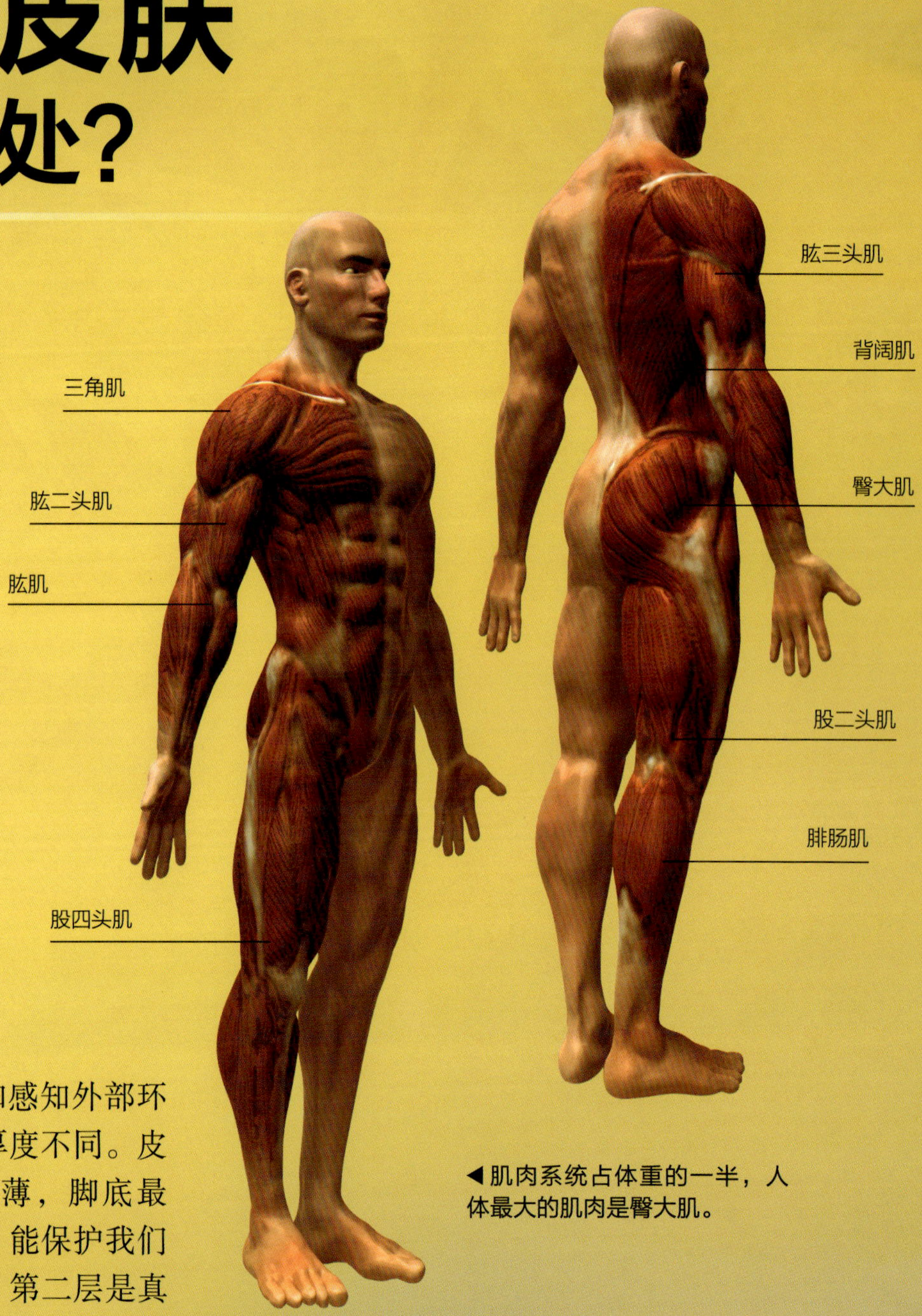

◀肌肉系统占体重的一半，人体最大的肌肉是臀大肌。

皮肤有多厚？

皮肤有助于保持体温和感知外部环境，所以不同位置的皮肤厚度不同。皮肤有很多层，眼睑位置最薄，脚底最厚。皮肤的最外层是表皮，能保护我们免受阳光灼伤和微小擦伤。第二层是真皮，里面含有很多神经和血管。最下面是一层脂肪，叫皮下组织。

人体有多少块肌肉？

人体有600多块肌肉。肌肉有很多功能，例如将血液泵往全身，让我们能举起东西等等。我们的脸上有30多块肌肉，它们帮助我们皱眉、微笑、说话、唱歌。我们身上的一些最大最有力的肌肉位于背部的脊柱附近。

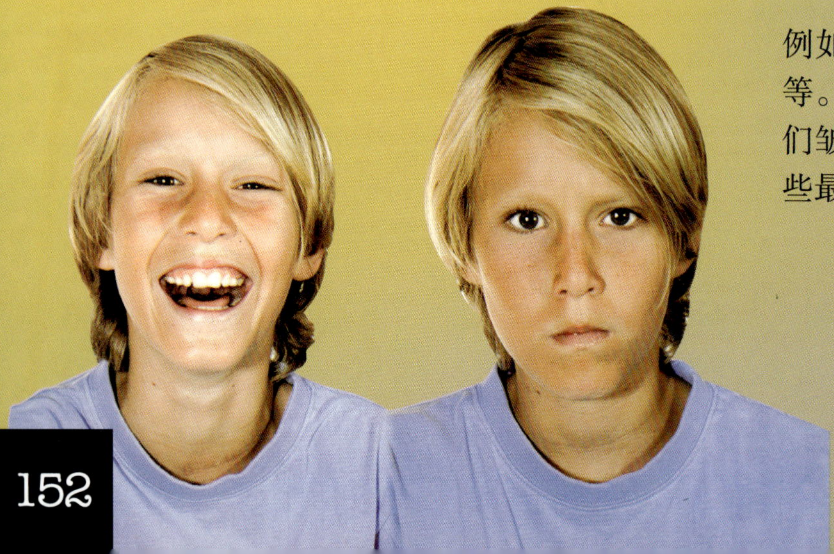

◀面部表情是由不同的面部肌肉收缩引起的，这些肌肉附着于皮肤上。

所有的肌肉都一样吗？

所有的肌肉都依靠收缩和舒张来发挥作用。一些肌肉是随意肌，意思是只有我们让它们动它们才会动，例如腿上的肌肉。另一些肌肉会自动工作，例如心肌和瞳孔上的肌肉，它们叫不随意肌。肌肉有三种主要类型：平滑肌、心肌和骨骼肌。平滑肌和心肌是不随意肌，骨骼肌是随意肌。

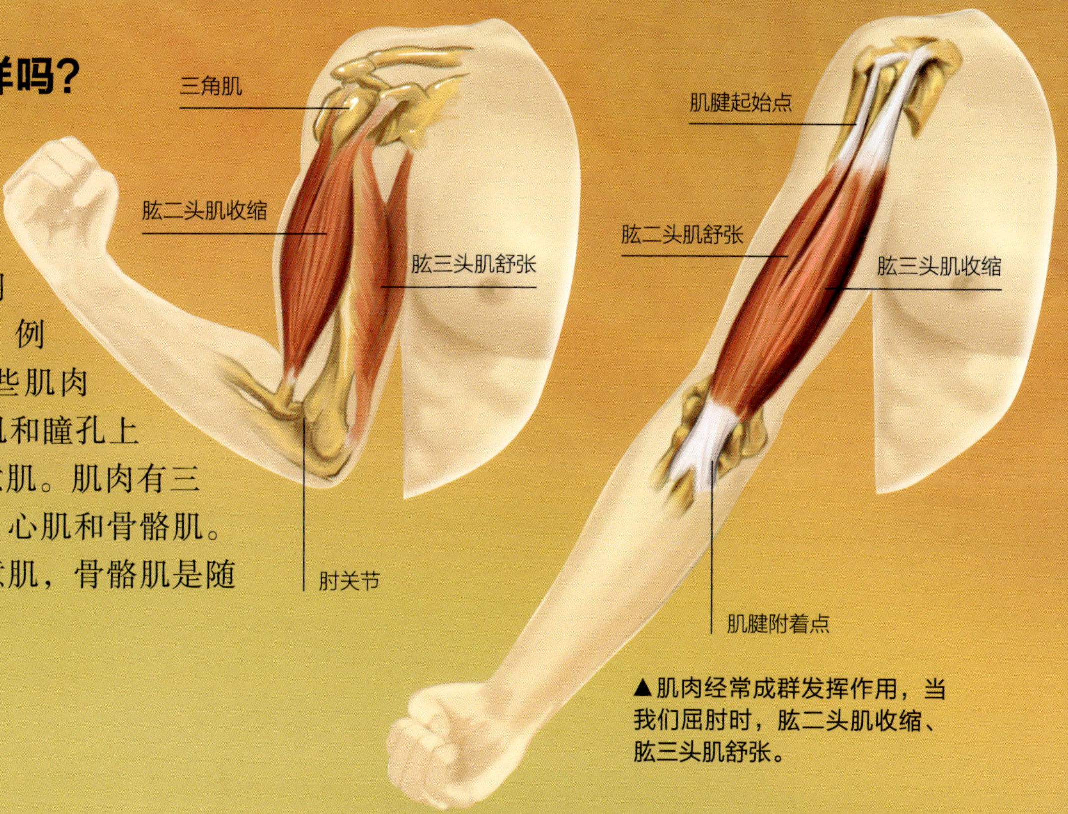

▲肌肉经常成群发挥作用，当我们屈肘时，肱二头肌收缩、肱三头肌舒张。

肤色是怎么形成的？

名叫黑色素的小小黑色物质微粒形成了我们的肤色。黑色素是由皮肤的表皮层制造出来的。皮肤中有多少黑色素是遗传的。暴露在阳光下的皮肤会分泌更多黑色素，以便抵抗阳光中紫外线的损害。过多照射阳光会增加患皮肤癌的风险。

淤青是什么？

当软组织受到撞击时就会形成淤青。有时皮下的微血管会破裂，红细胞从血管中渗出，在皮肤下面聚集，这就形成了紫色的斑块。随着身体逐渐恢复，淤青的颜色也会慢慢改变。

▼紫外线会刺激黑色素分泌，防晒霜能够抵挡或吸收这些有害射线。

更多相关知识 ▸ 骨骼150-151 ■ 感官160-161 ■ 疾病164

我们吃下去的食物去哪儿了？

从我们咬下食物开始，它就要在我们身体里进行一次为期24小时的奇妙旅程，这一过程叫做消化。我们身体里的很多消化器官要参与其中，这些消化器官组成消化道。食物中的营养物质被身体吸收，废物则以尿液和粪便的形式排出体外。

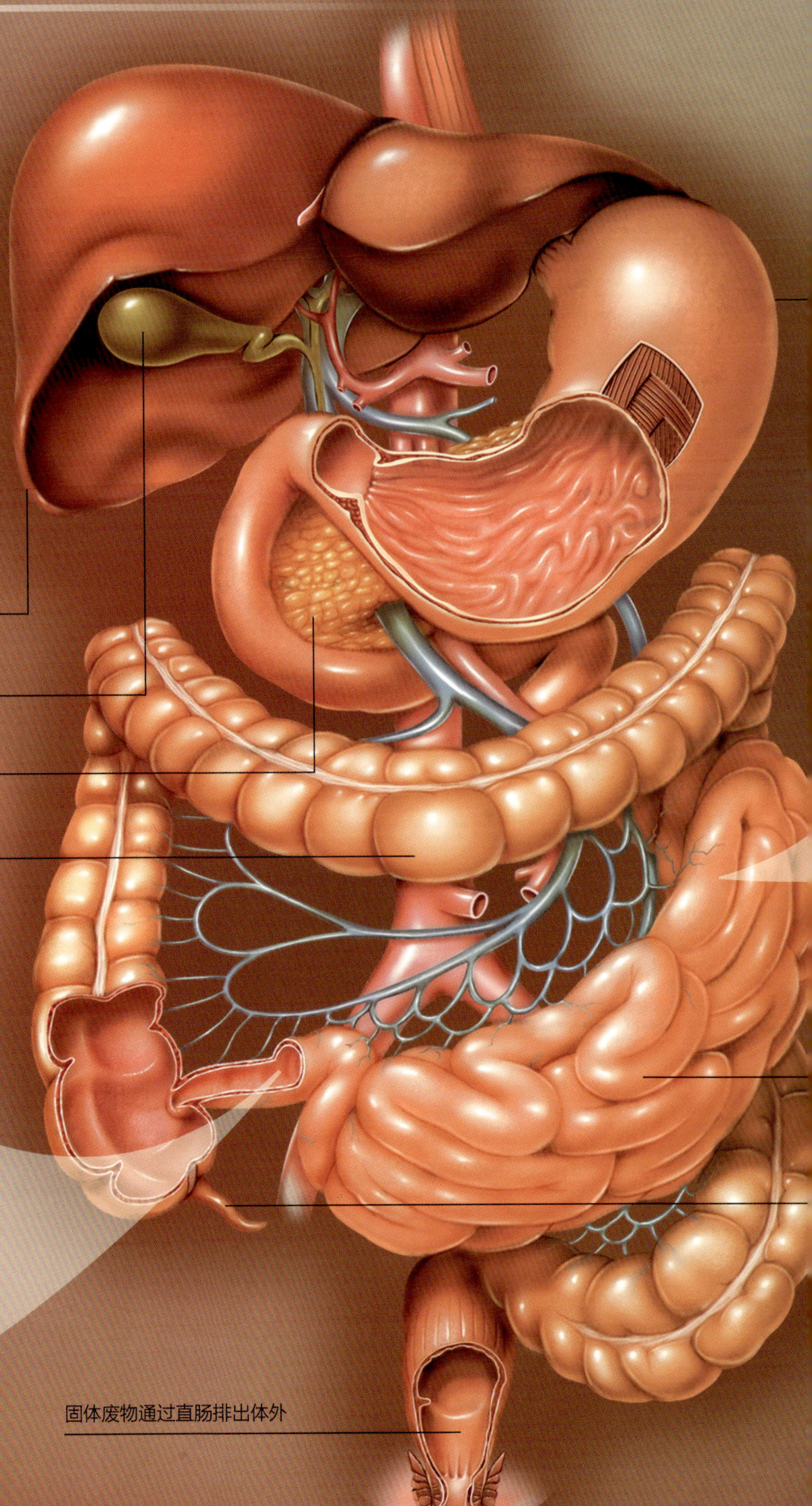

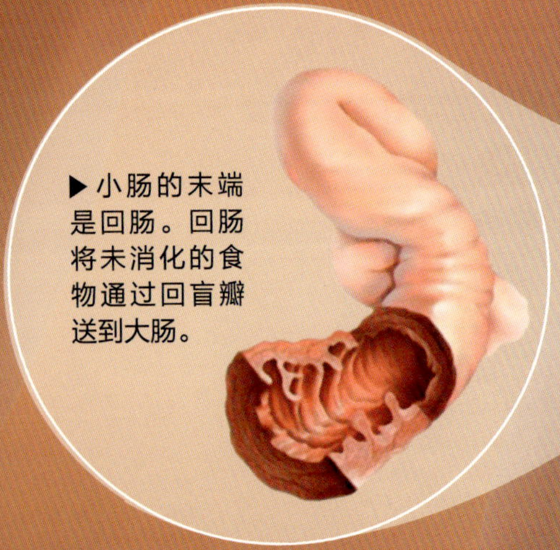

为什么咀嚼食物很重要?

成年人有32颗牙齿。一些牙齿用来咬下或撕碎食物，另一些则用来研磨和压碎食物。我们咀嚼得越细，食物就越容易消化。咀嚼的时候，口腔分泌唾液使食物湿润。这样可以把食物变成小球（食团），便于吞咽，也便于顺利通过消化道。

▶当咀嚼食物的时候，消化过程的第一步就在口腔中开始进行了。

胃里的化学物质将食物变成细小的微粒

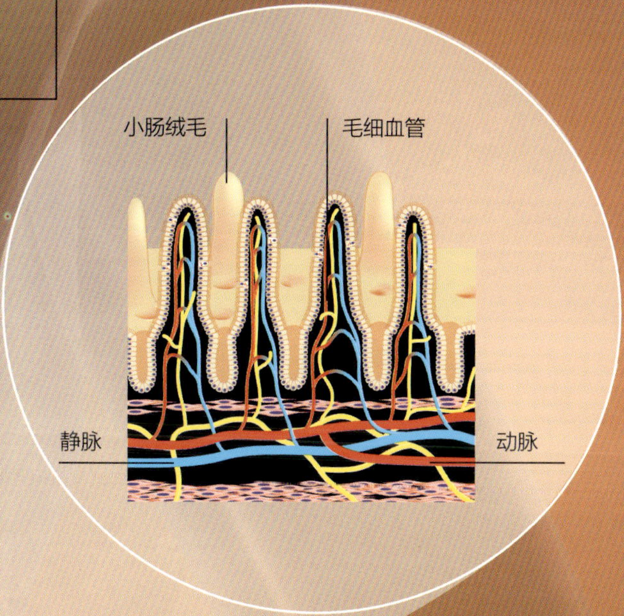

▲小肠内壁有手指状的突起，称为小肠绒毛，可以用来吸收营养。

咽下去之后食物又怎么样了?

咽下去之后，食团顺着食道来到胃里。食道是连接口腔和消化道其余部分的长长的管子。食道肌肉壁的蠕动可以帮助食物向下到达胃。

食物在胃里完全消化掉了吗?

食道的末端是胃，也就是消化道最宽的地方。当食物到达胃之后，它们就和胃液混合在一起。胃液能杀死有害细菌并加速消化过程。食物中的水、盐和糖被胃壁吸收，其他未消化的食物（称作食糜）进入小肠进行进一步的消化。

食物的绝大部分营养在小肠中吸收

阑尾是连在大肠上的一根小管子

什么是尿?

尿是液体废物，其中含有水和一种称为尿素的有害物质。两个叫做肾脏的豆子型器官从血液中过滤出尿液。尿通过两根名为输尿管的细管子流进膀胱。膀胱储存尿液，直到尿液从尿道流出身体为止。

更多相关知识 ▶ 骨骼150-151 ■ 心脏156-157 ■ 感官160-161

心脏是怎样工作的?

心脏和拳头差不多大，是由肌肉组成的，负责把血液泵向全身。心脏由两部分组成，右半边把血液送到肺，从中获得全身所需要的氧；左半边把血液送到全身以供给氧气。

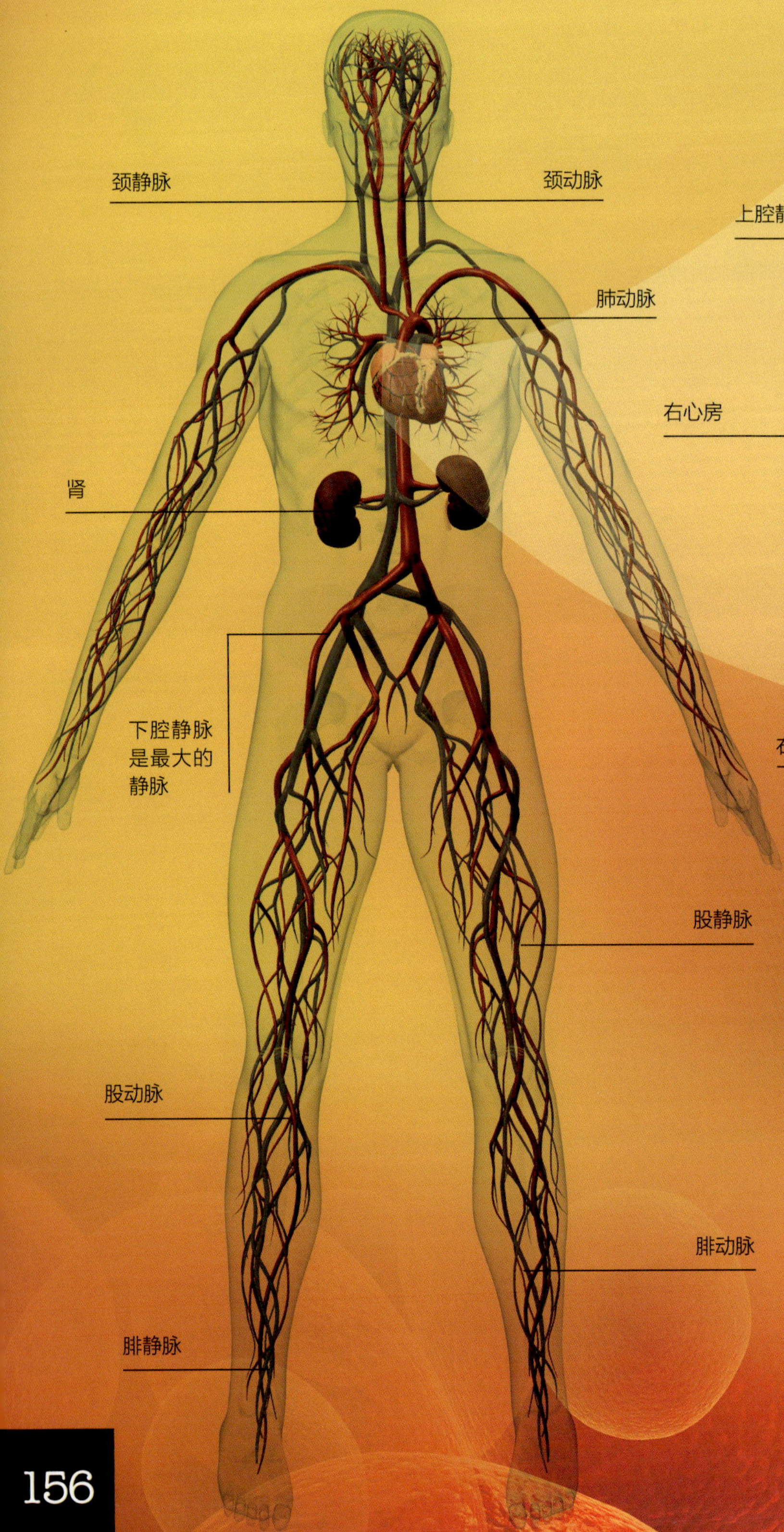

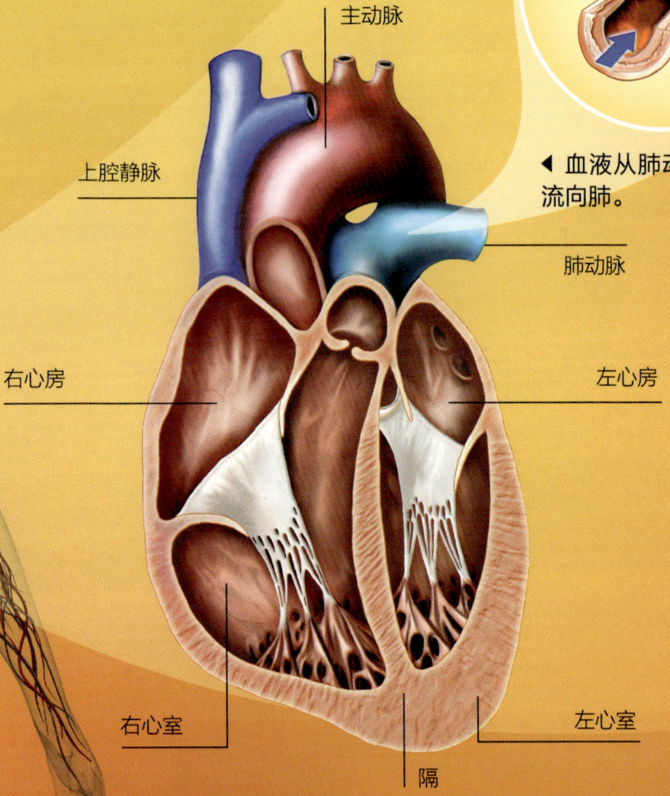

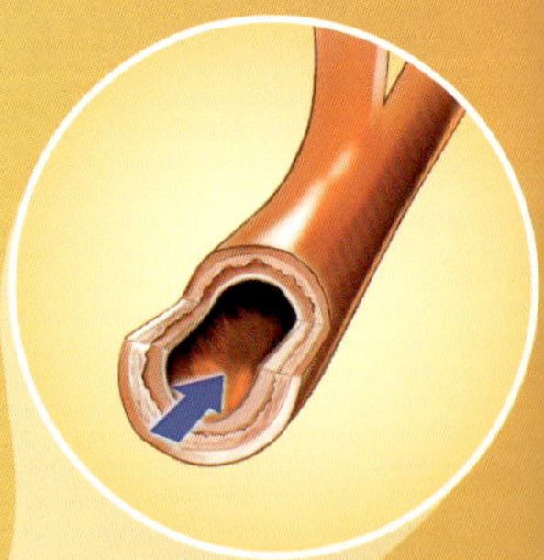

◀ 血液从肺动脉流向肺。

心脏在什么位置?

心脏位于胸腔两肺之间，略微偏左。心脏分为四个部分，称为室。上面的两个室是心房，下面的两个是心室。心脏中间有一层厚厚的肌肉壁，叫做隔。

◀心脏和静脉、动脉、毛细血管一起组成循环系统。

什么是脉搏？

脉搏是能够在身体某些部位摸到的小搏动。随着心脏跳动，动脉血压增加，就形成了脉搏。用两个手指轻轻压在手腕或脖子的侧面就能感到脉搏。数一数一分钟有多少次脉搏就能知道心率。

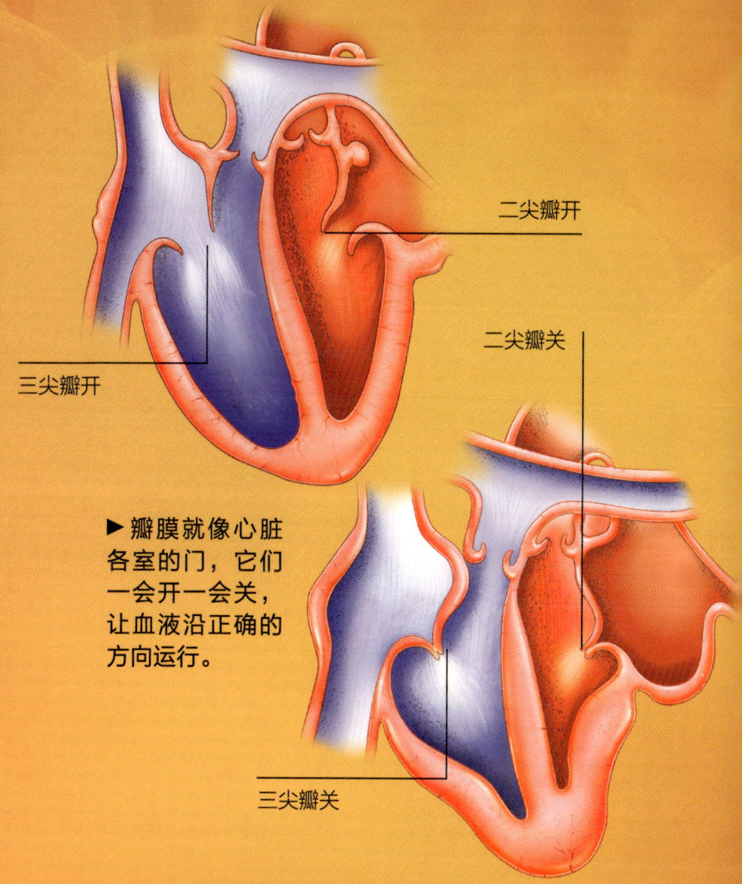

▶瓣膜就像心脏各室的门，它们一会开一会关，让血液沿正确的方向运行。

心脏是如何工作的？

每次心跳之前，心脏都先充满血液。随后，心脏收缩，把血液通过血管挤出。把血液带离心脏的血管叫动脉，带回心脏的叫静脉。不用60秒钟的时间，心脏就能把血液泵到全身的每一个细胞。

血液总是沿正确方向运行吗？

是的！心房先充满血液，然后流进心室，心室收缩，把血液泵出心脏。心室收缩时心房重新充满。心脏中的四个瓣膜打开使血液流过，随后又迅速关上阻止血液倒流。

怎么保持心脏健康？

每天至少锻炼30分钟能够保持心脏健康。此外，还要多吃健康食物，例如蔬菜水果，少吃高脂肪高糖食物。

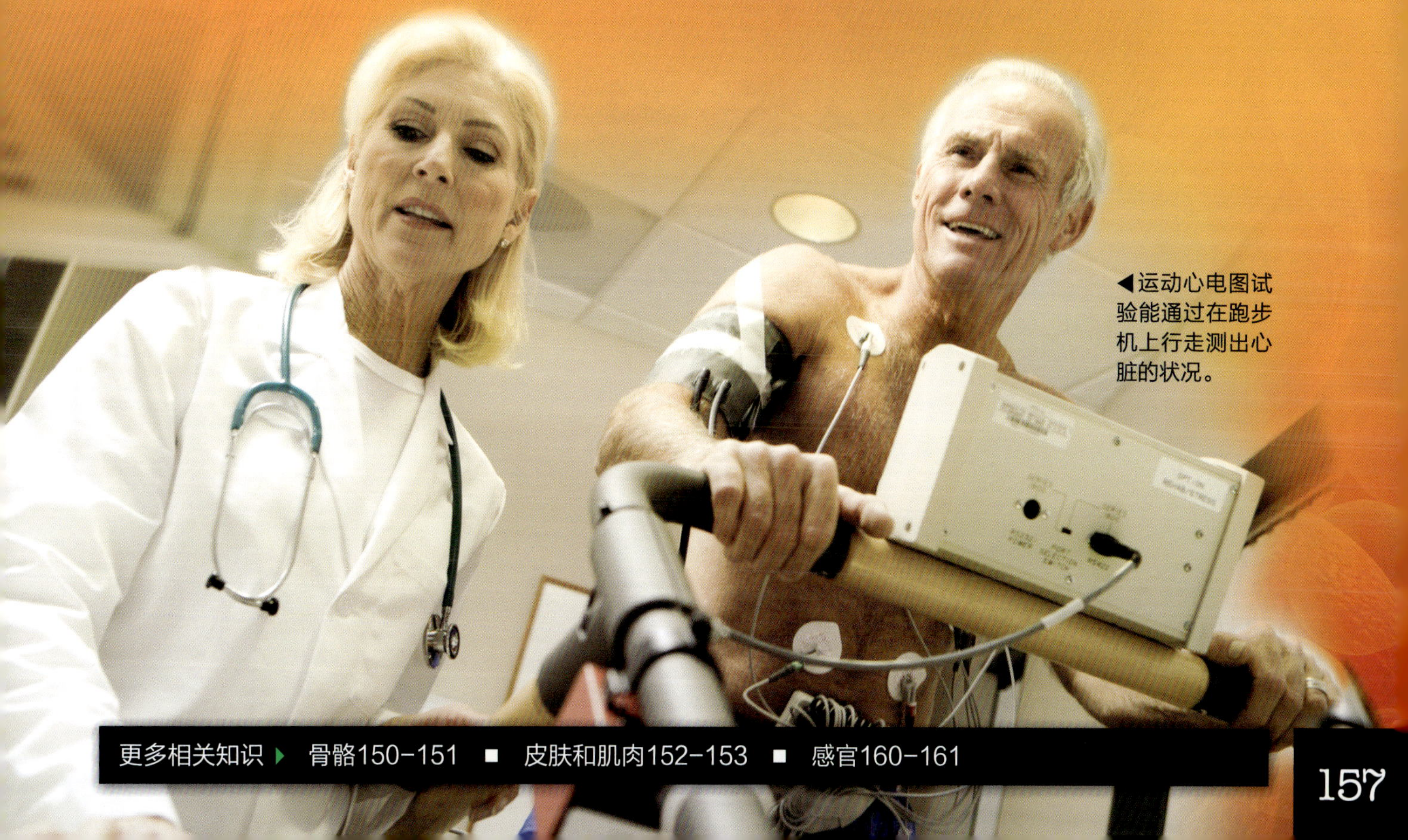

◀运动心电图试验能通过在跑步机上行走测出心脏的状况。

更多相关知识 ▶ 骨骼150-151 ■ 皮肤和肌肉152-153 ■ 感官160-161

我们吸进去的空气到哪里去了？

每过几秒钟，我们就要吸进大约550毫升的空气，其中包含着对生命而言至关重要的氧气。空气通过鼻腔和口腔进入体内，从喉部下去，到达气管，再到达肺，最后由血液带给全身所有的细胞。这就是呼吸系统。

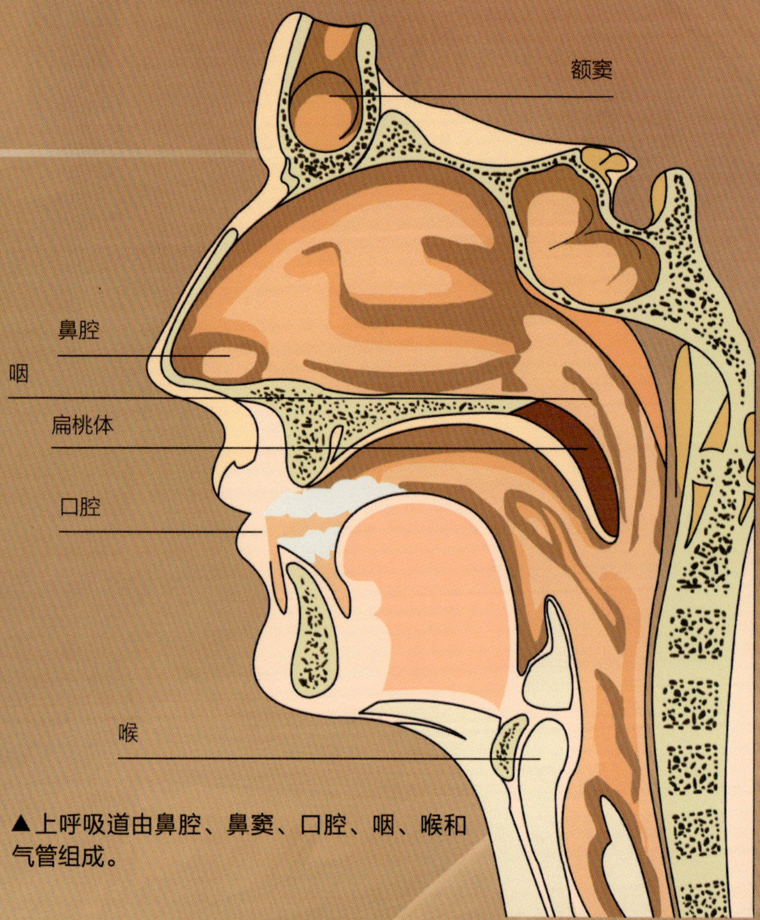

▲上呼吸道由鼻腔、鼻窦、口腔、咽、喉和气管组成。

肺怎么从空气中获取氧气？

每个肺都连着两个大管子，叫支气管，支气管再连到气管上。支气管分出很多细支气管，到达肺的深处。支气管的最末端是名叫肺泡的小小空腔。氧气穿过肺泡进入血液。

肺怎样保持清洁？

我们呼吸的空气中含有灰尘、花粉和其他脏东西。鼻腔、喉、气管和肺的表面都有粘液，能够捕捉所有这些脏东西。气管和肺的内层有细细的毛，称作纤毛，这些纤毛能够捕获灰尘颗粒，再将它们推向喉部，最后它们从喉部被我们吞下去。

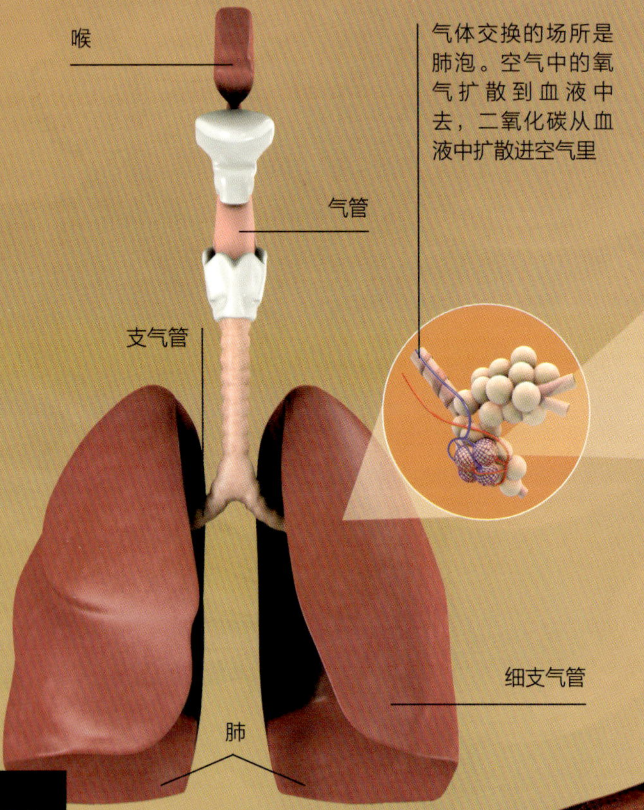

气体交换的场所是肺泡。空气中的氧气扩散到血液中去，二氧化碳从血液中扩散进空气里

肺泡里有很多微小的血管，称作毛细血管

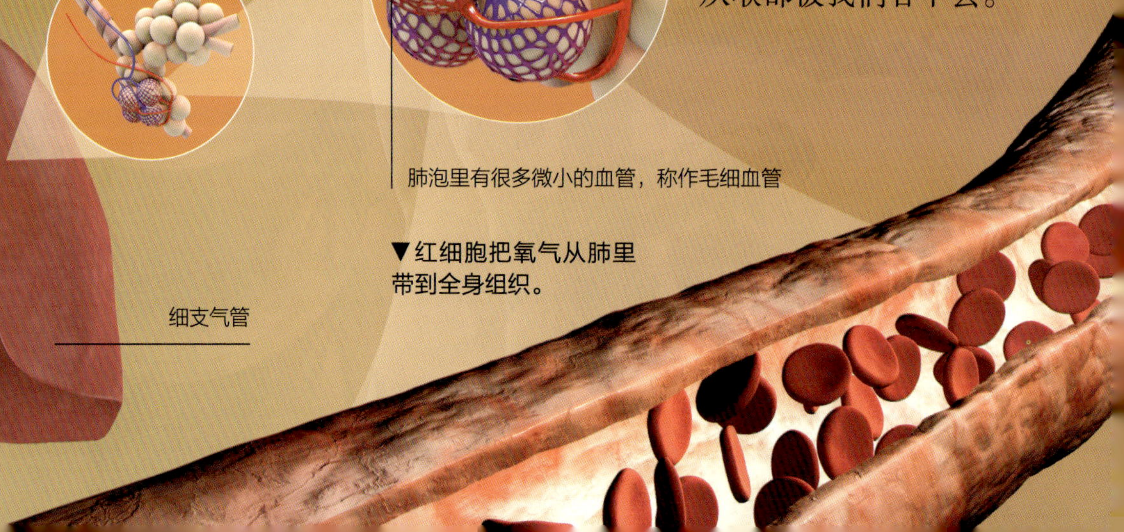
▼红细胞把氧气从肺里带到全身组织。

脑的功能是什么？

脑是身体的指挥中枢，使我们能够思考、感觉、移动以及做很多很多其他事情。脑的主要部分是大脑，大脑有两个半球。右半球使我们具有创造力，左半球则负责语言和数学能力。右半球支配身体的左侧，左半球支配身体的右侧。

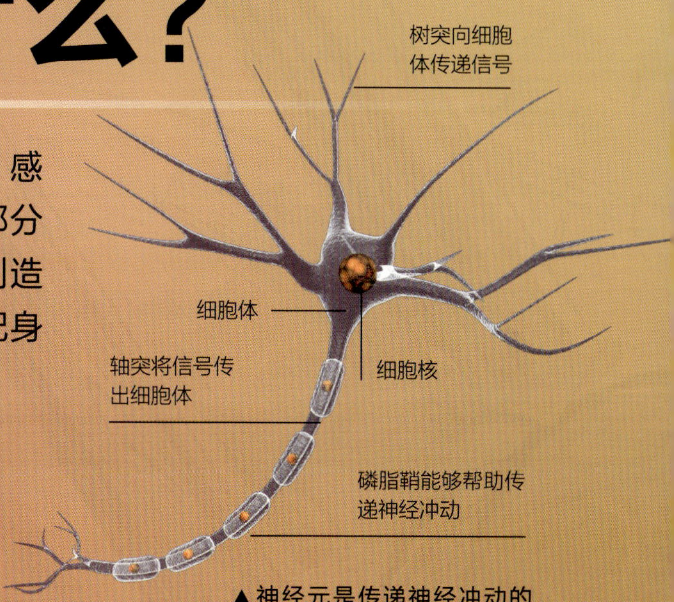

▲神经元是传递神经冲动的特殊细胞。

我们是如何进行思考的？

脑有很多部分，不同部分处理来自身体不同部位的信号。一些区域控制运动，一些控制感觉，另一些区域负责翻译信息。前额叶皮质决定我们的人格和智慧。其他部分控制说话、运动、感觉、看和听等活动。

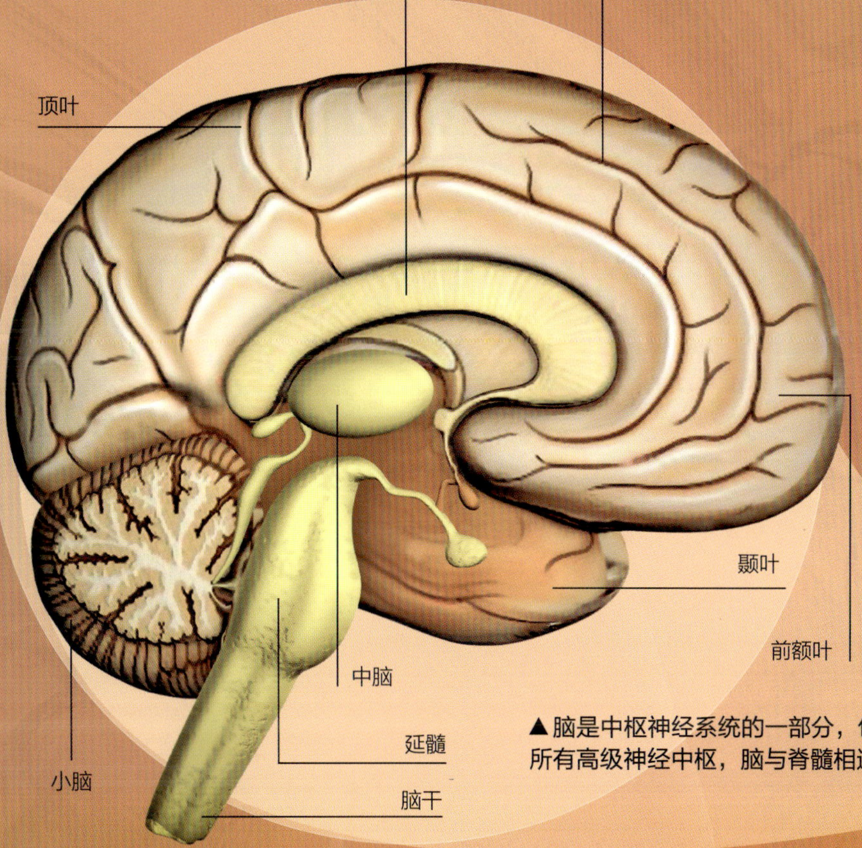

▲脑是中枢神经系统的一部分，包括所有高级神经中枢，脑与脊髓相连。

身体是怎么知道要做什么的呢？

脑的主要部分是大脑。胼胝体连接大脑的两个半球。脑干后面是小脑。大脑包含了所有控制思维、感觉和语言的部分。小脑控制身体的运动。脑干把大脑和脊髓连接在一起。脊髓帮助我们处理不需要思考也能做的事情，例如呼吸。

更多相关知识 ▸ 骨骼150-151 ■ 皮肤和肌肉152-153 ■ 感官160-161

为什么我们会感到疼痛？

我们的触觉感官遍及全身，位于皮肤的真皮之中。名为感受器的神经末梢能够告诉我们是冷还是热，粗糙还是光滑，以及是否疼痛。这些感受器把信号传递给脊髓，再把信息发送给脑。

我们怎么尝到不同的味道的？

舌头的表面有8000多个味蕾。当我们咀嚼的时候，味蕾能够定位溶解在唾液中的食物分子，分辨出四种基础味道：酸、甜、咸和苦。当味蕾检测到唾液中的食物分子时，它们会通过神经向大脑发送信息，从而分辨出味道。

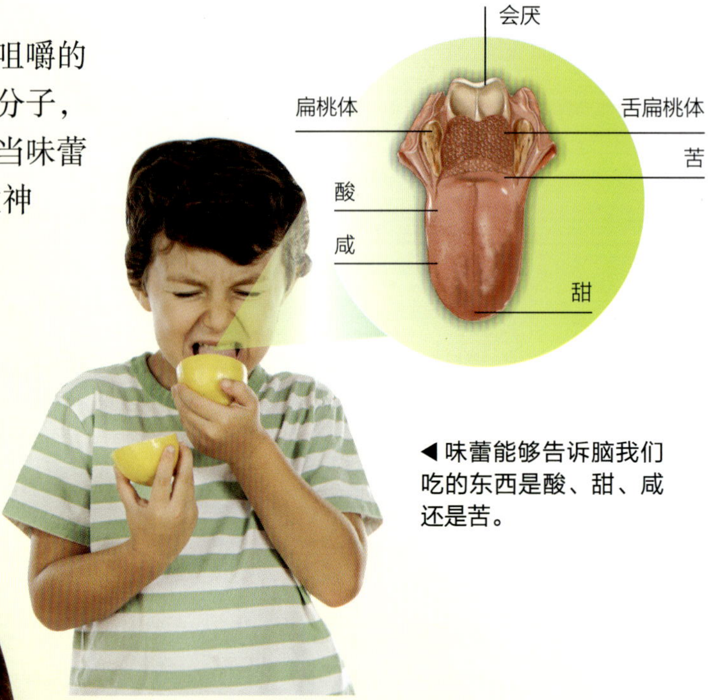

◀味蕾能够告诉脑我们吃的东西是酸、甜、咸还是苦。

▼眼泪能够保持眼睛湿润、洗去脏东西和灰尘，从而保护眼睛。它还能杀死细菌。泪腺位于眼球上方。

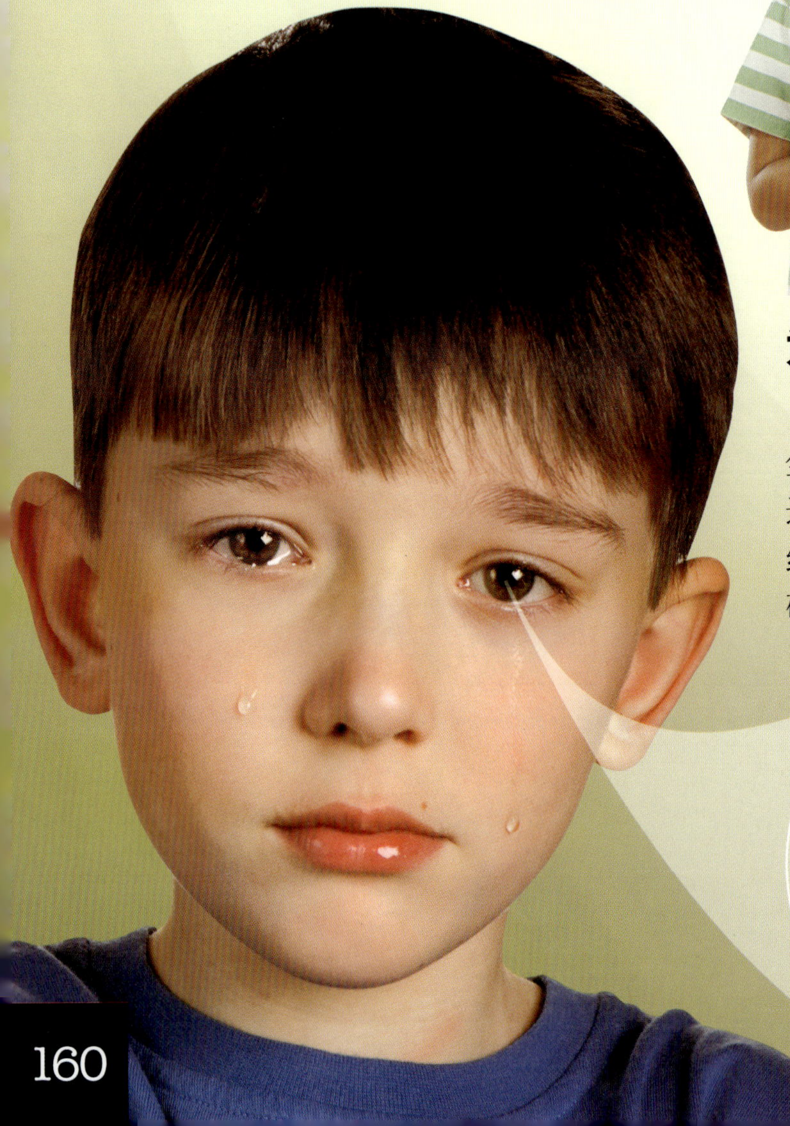

为什么会流泪？

眼泪是眼睛自身的清洗系统，能洗去灰尘，杀死细菌。光线通过瞳孔进入眼睛，抵达眼睛后部的感受器。这些感受器通过视神经将信号传至脑，因此我们就能看见东西并确定它们的位置。

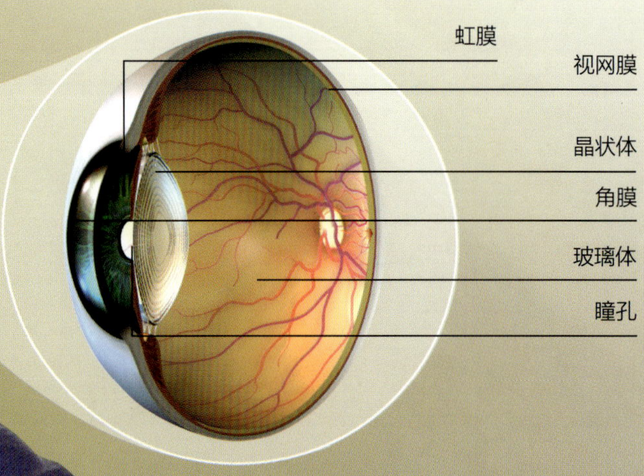

为什么我们的鼻子能闻到东西？

鼻子能够分辨出1万多种不同的气味。我们用鼻子呼吸的时候，空气中不同的气味通过两个鼻孔进入鼻子顶部称为嗅觉区的部分。这一部分由成百万的细胞组成，细胞上长着一丛丛毛，称作纤毛。气味被纤毛捕获，触发神经信号，传入脑。

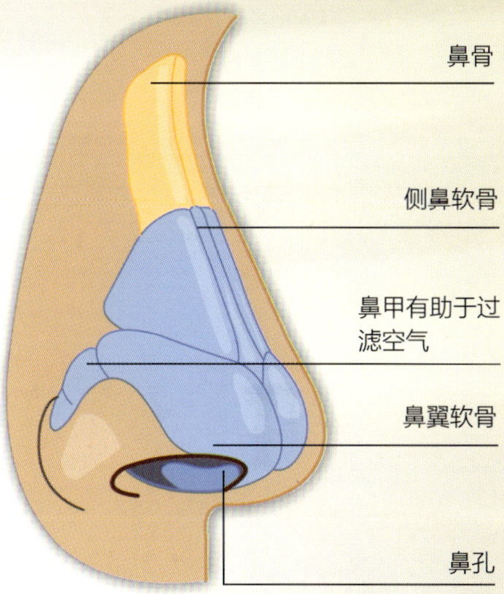

▶我们不喜欢糟糕的气味，但它能提醒我们食物腐烂，也能避免我们吸入有毒气体。

耳朵是怎么判断声音的位置的？

耳朵感知空气中传播的名为声波的压力波。这些波穿过耳廓进入外耳道，使鼓膜震动。震动通过三块小骨传进内耳，那里的感受器把信号发送给脑，这样就能判断出音高、音量和声音的方向。

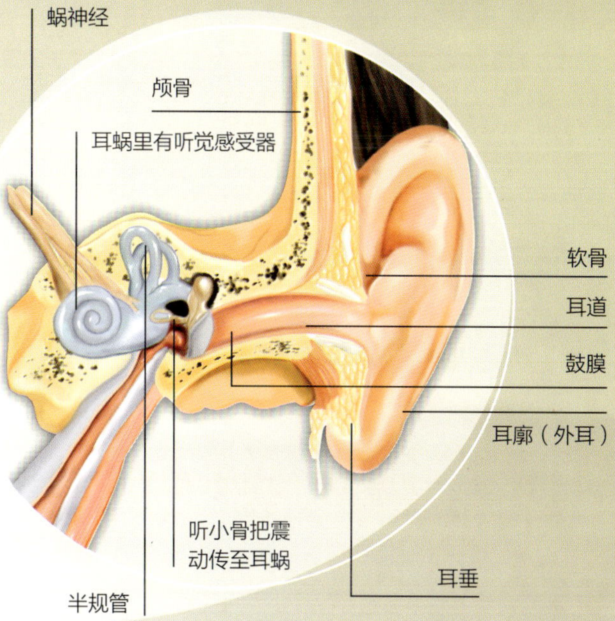

◀耳朵和脑合作，使我们能够听到并分辨声音。

什么是喷嚏？

当我们吸入一些刺激鼻内纤毛的东西时，例如花粉、灰尘或烟，喉和气管就会关闭，胸腹的肌肉压迫肺，把里面的空气挤出，这些空气从鼻子和嘴里猛地冲出来，这就是喷嚏。

更多相关知识 ▶ 骨骼150-151 ■ 脑159 ■ 疾病164

婴儿是怎样诞生的？

所有的动物都有用来繁殖下一代的生殖系统。男人和女人的生殖系统是不同的。成年女性的身体里，名叫卵巢的腺体产生卵细胞。成年男性的身体里，名叫睾丸的腺体产生精子细胞。一个卵子和一个精子结合，产生一个新人。每个月女人的卵巢都要产生一个卵细胞，这个卵细胞在她的生殖系统内活动，如果一个精子让它受精，一个胎儿就要开始发育了。

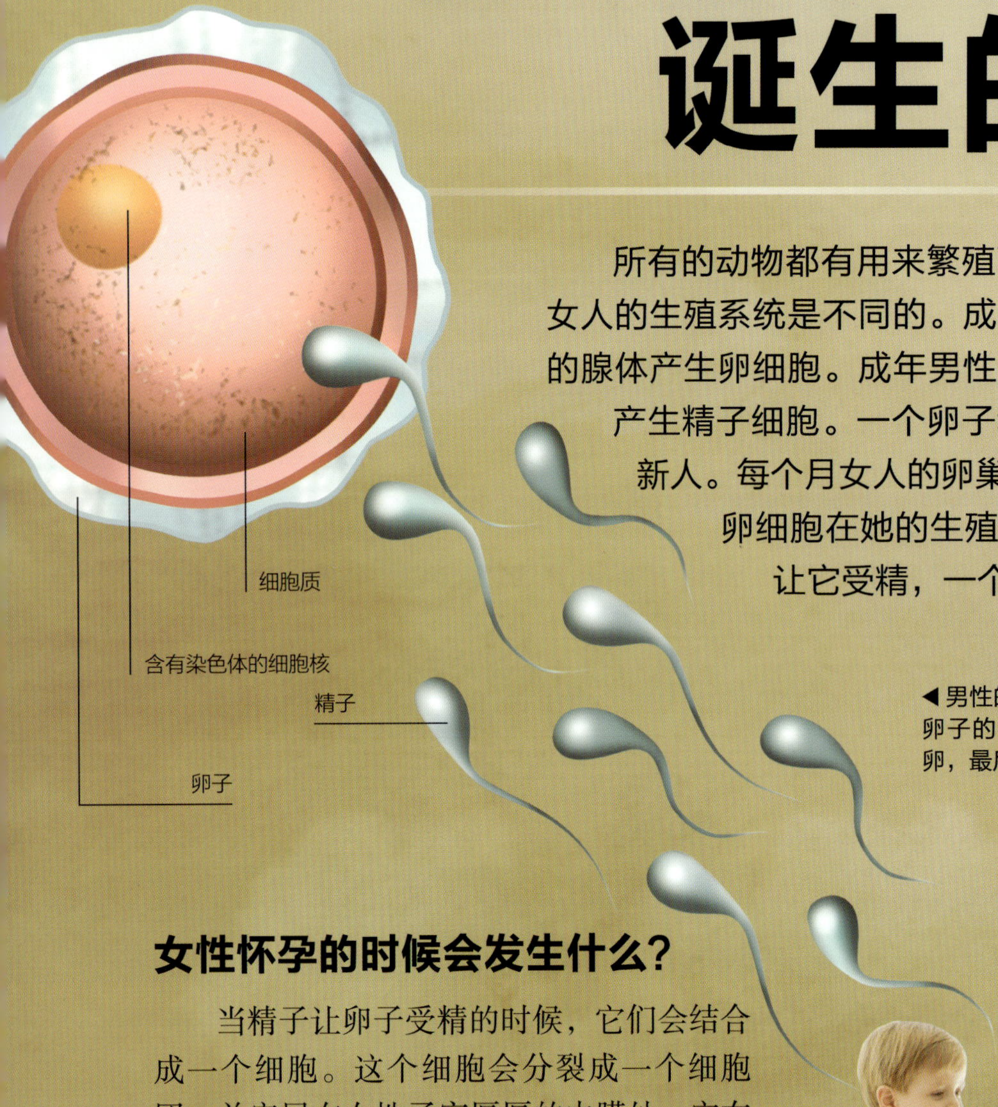

◀男性的精子“游”向女性的卵子，精子和卵子的结合称作受精。这一过程产生受精卵，最后会发育成一个婴儿。

女性怀孕的时候会发生什么？

当精子让卵子受精的时候，它们会结合成一个细胞。这个细胞会分裂成一个细胞团，并定居在女性子宫厚厚的内膜处。它在那里吸收营养，开始长大。这就是怀孕，而这时受精卵就叫做胎儿。在9个多月的时间里，胎儿在充满缓冲性液体的子宫内长大。

▼基因决定我们的长相、一些特定的人格特征，甚至我们的身体可能患上哪种疾病。

婴儿的发色和眼睛的颜色由什么决定？

从手指的长度到眼睛的颜色，一切都在受精的时候就已经决定下来了。每一个活着的细胞里都有基因。它们被一大串名叫脱氧核糖核酸（DNA）的物质组成的长链携带着，这种链叫做染色体。我们每个人都有23对染色体。每一对两个染色体都分别来自父母双方。

精子如何让卵子受精？

男性睾丸中的细胞每天要不断地产生几百万个精子。在显微镜下，精子看起来像蝌蚪。在性交时，数百万个精子从阴茎到达女性阴道，穿过子宫颈抵达子宫和输卵管，寻找可以受精的卵子。

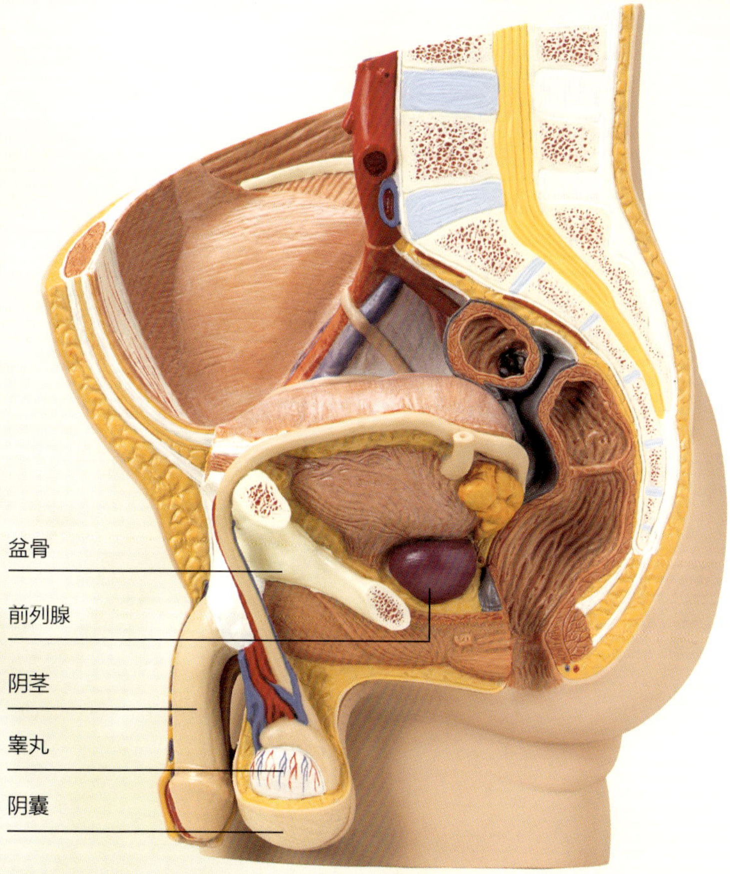

▲男性生殖系统包括阴茎和两个睾丸。阴囊内的睾丸产生并储存精子。

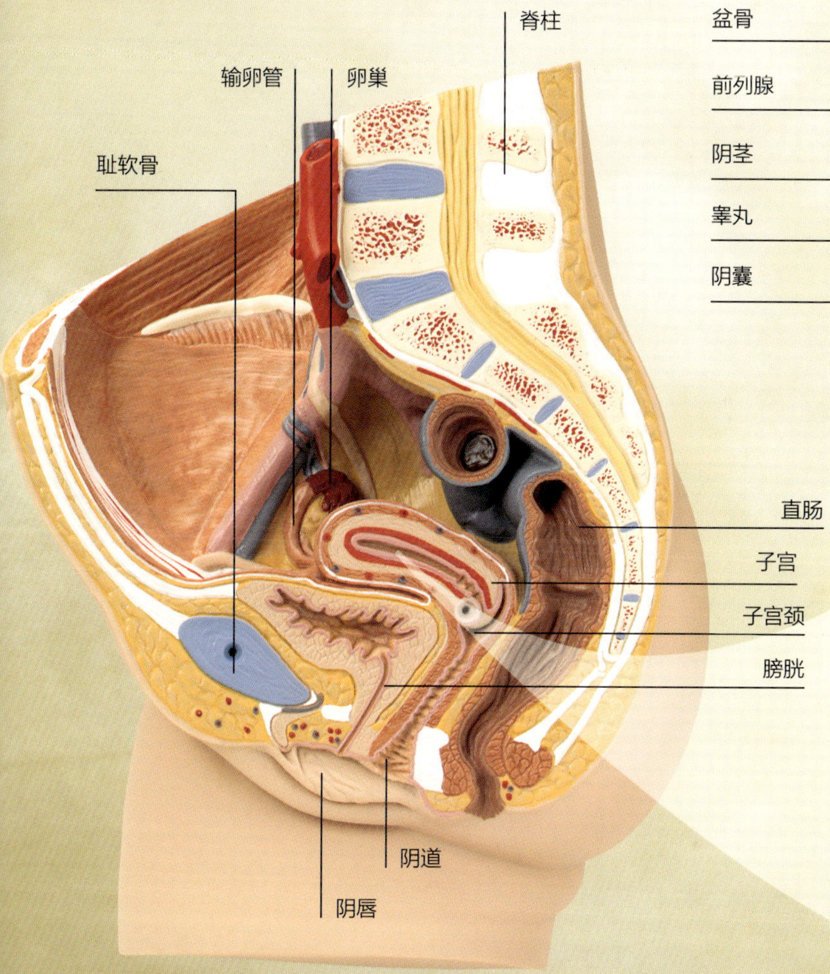

▲女性生殖系统包括两个卵巢，两个连在子宫上的输卵管、子宫颈以及阴道。

胎儿怎样长成婴儿？

受精6周之后，婴儿称作胚胎。此时胚胎大小和一粒葡萄差不多，但是已经开始长出胳膊和腿。受精8周之后，所有的主要器官都形成了，但仍然只有核桃大小。胚胎要花9个月才能长成婴儿。

如果卵子没受精会怎么样？

女性卵巢每个月释放出一个卵子，卵子沿着输卵管到达子宫。子宫内膜增厚，其中有大量血管以滋养受精卵。如果卵子没受精，内膜就脱落并从阴道离开体内。这就是月经。

我们的身体如何抵抗疾病？

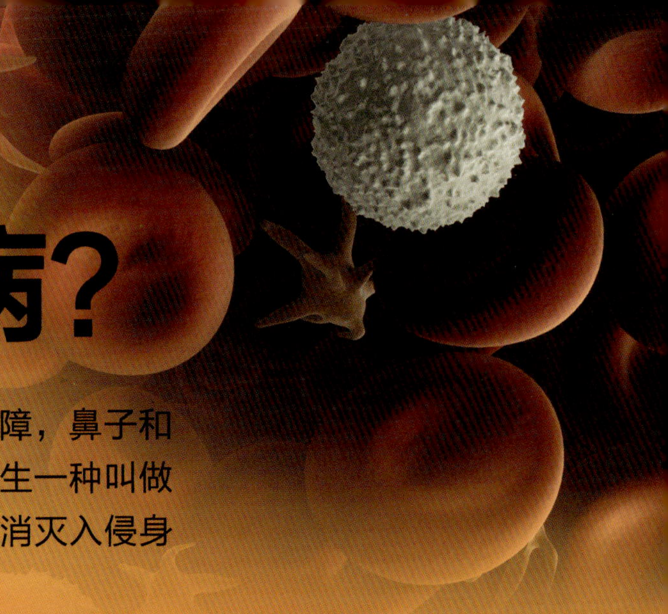

我们有很多天然防线。皮肤是一道天然屏障，鼻子和喉部的粘液能困住细菌。身体里的白细胞会产生一种叫做抗体的东西。这就是免疫系统。抗体能对抗并消灭入侵身体的细菌。

我们为什么会生病？

空气中的细菌、蚊子这类昆虫、污染的水、未熟的食物、他人的感染性体液，所有这些都无时无刻不在向我们的身体发动进攻。病毒和细菌都是微生物，一旦进入体内就会繁殖，并使我们生病。当微生物侵犯我们的时候，我们就会感到疼痛、发烧、发冷等等。

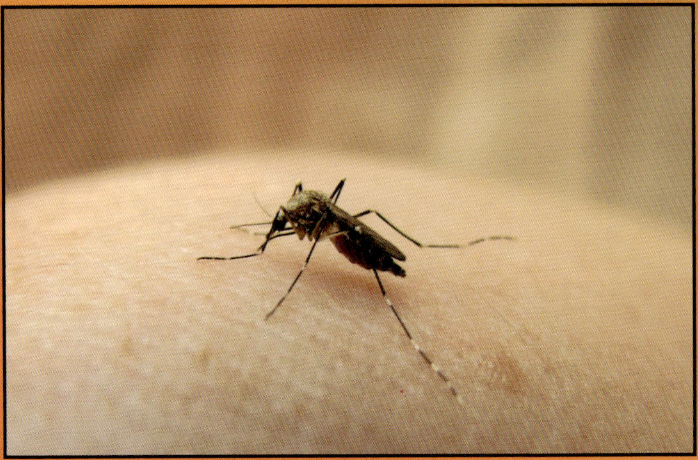

▶ 蚊子是带菌者，这意味着它们能传播寄生虫和细菌，引发疟疾和登革热等疾病。

我们能预防疾病吗？

跑步、做运动、跳舞等定期锻炼能够使心脏、肺和肌肉更加强健，从而使身体更健康。吃东西范围广、不挑食能增强我们的免疫系统，使我们免于生病，例如多吃蔬菜、水果、面、大米、鱼、奶等等。睡眠充足、保持乐观也有助于提高免疫力。

我们怎样对付疾病？

生病时免疫系统会制造更多白细胞。如果这样还是不够，那么我们就需要去看医生。药物中的化学物质能够以各种方法治疗疾病。例如抗生素能够杀死有害菌，镇痛剂能够消除疼痛。有时需要做手术，手术可以切除、修复或替换受损的组织。

▼ 发烧事实上有助于我们的身体进行自卫，因为较高的温度能够提升白细胞的活动力。

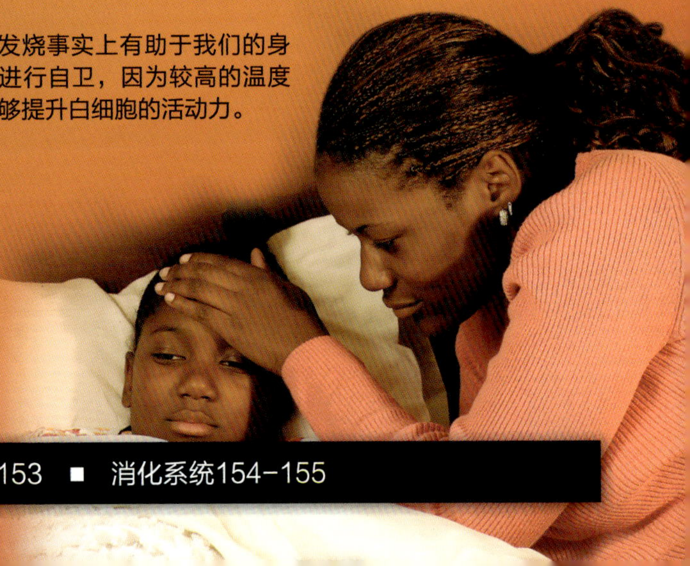

更多相关知识 ▸ 骨骼150-151 ■ 皮肤和肌肉152-153 ■ 消化系统154-155

史前世界

最早的生命形式是什么？

几乎在地球刚刚冷却下来、足以支持生命的时候，生命就出现了。最早的生命仅仅是一些分子，它们能收集周围的营养并进行繁殖——有点像病毒。从这些生命开始，进化出了今天所有的动物和植物。

最早的化石是什么？

最早的化石仅仅是生物留下的遗迹而已，这就是叠层石。这是由微小的藻类蓝细菌的细胞混合了沙子一层层堆积起来形成的东西。叠层石可以追溯到还不存在任何其他生物的时代。现代蓝细菌生活在其他生物无法生活的盐度极高的水里。

水母这样的刺胞动物也生活在寒武纪的海中。水母是一种有触手的柔软生物。它们也是现存最古老的有机体之一

三叶虫是一种原始的节肢动物。三叶虫因为坚硬的外壳分三叶而得名。它是最早长出眼睛的生物

◀ 5亿零5百万年前加拿大西部寒武纪的海底。

海绵在寒武纪的海洋中很常见，这些生物全身有小孔。有一种海绵甚至有很多枝杈，看起来像棵树。另一种海绵看起来像冰淇淋。大多数海绵在寒武纪末期灭绝了

拟油栉虫是一种三叶虫，它们的壳有关节，作为一种成功的海底居民，它繁盛了2亿多年

足杯虫用触手过滤海水获取食物，另一端则固定在海床上

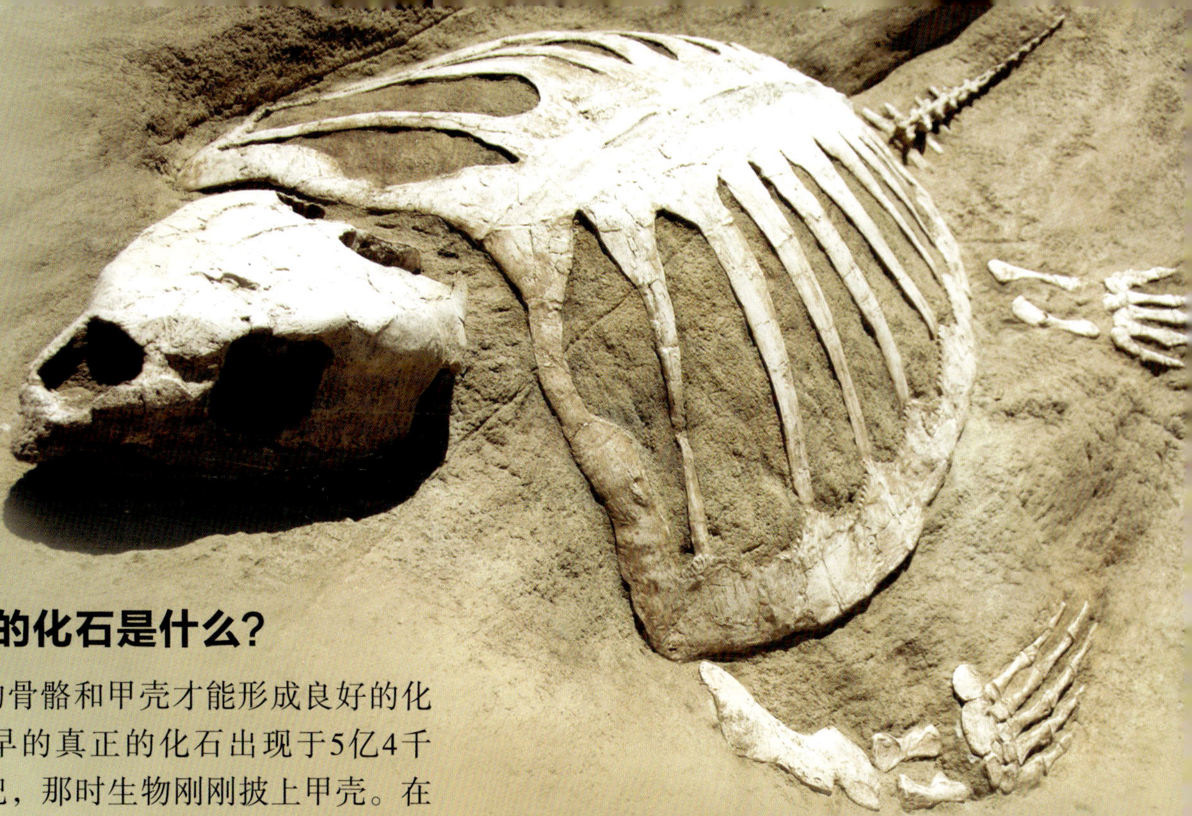

▶古海龟是一种史前海龟，这是迄今发现的最大的海龟化石。最大的古海龟化石长达4米多。

最早的真正的化石是什么？

只有坚硬的骨骼和甲壳才能形成良好的化石。所以，最早的真正的化石出现于5亿4千万年前的寒武纪，那时生物刚刚披上甲壳。在这一时期之前的岩石中，我们偶然能发现水母样生物留下的痕迹。很多生物在寒武纪进化出来，其中一些今天仍然存在。

那时的陆地上发生了什么？

最早出现的陆地生物是植物，它们在志留纪和泥盆纪从水中登上陆地。距今4亿年前的泥盆纪，陆地上靠近水边的地方生长着及膝高的植物，例如莱尼蕨。巨大的圆柱状原杉藻类真菌高高挺立在它们之上。

解读如此古老的化石有多困难？

这很困难，有时甚至会犯错误。在寒武纪那些奇怪的化石中，科学家们发现了一种卷曲的虾状生物的痕迹。他们还发现了一种长得像水母一样的圆盘状生物。最后他们发现这两种东西事实上是同一种生物身上的部分！这种生物名叫奇虾。虾状的结构是它的大螯，圆圆的结构是它的嘴。

▼加拿大的伯吉斯·谢尔化石场保存了很多种类的寒武纪中期化石。

更多相关知识 ▸ 蓝色的行星22-23 ■ 早期人类178 ■ 植物208-209

是什么导致了爬行动物的兴起？

数亿年前，只有海里有生命存在。仅仅3亿年前复杂的生命形式才出现在陆地上。爬行动物就是先行者。爬行动物进化出了硬壳卵，这使它们能在陆地上生活。

在始于3亿年前的二叠纪时期，爬行动物开始出现。它们征服了陆地，进化出了各式各样的生命形式。

▲始虚骨龙有用来滑翔的翼。

陆生动物是怎样进化出来的？

寒武纪时期，蠕虫状的生物进化出了脊柱以及能够容纳脑的颅骨。它们又进化成了鱼类。一些鱼类进化出了能够呼吸空气的肺和肌肉质的鳍，最后变成了两栖动物。两栖动物生活在陆上，但还是要回到水中繁殖。只有当它们进化成了爬行动物时，它们才真正成为完全的陆生动物。

提克塔利鱼是介于鱼类和两栖动物之间的生物

人们认为总鳍鱼是早期两栖动物的祖先

▲生物从水栖进化成陆栖的过程发生在3亿8千万年至3亿6千万年前的泥盆纪。

爬行动物登陆的秘密是什么？

爬行动物的蛋含有足以维持自身成长的营养物质，也能够保护胚胎。胚胎被包裹在一层能够让空气渗入、渗出的膜中，外面则环绕着坚硬的保护性蛋壳。

▼偷蛋龙是一种带有鸟类特征的恐龙，它身体很轻，前肢有爪，嘴上有喙。据说它能像鸟一样孵化和保护自己的蛋。

两栖动物是第一种四足生物

它们后来又进化成了什么？

最早的爬行动物是由两栖动物进化而来的。爬行动物慢慢分化和进化成了各种各样的动物，其中大多数今天仍然幸存。例如以下几种：

无孔类：它们有坚实而无孔的颅骨，唯一现存的代表是海龟；

类哺乳动物：这些类似哺乳动物的爬行动物是第一个重要类群，最后进化成了哺乳动物；

初龙类：它们进化成了鳄鱼、翼龙以及恐龙。恐龙本身进化成了鸟类。

▼丽齿蜥是凶猛的捕食者，它们同时拥有爬行动物和哺乳动物的特征，据说它们是哺乳动物进化历程中的一环。

更多相关知识 ▸ 大海与大洋26-27 ■ 爬行动物196-197 ■ 两栖动物200-201

最大的恐龙是什么？

有史以来最大的陆生动物是食草恐龙。在2亿5千万年至6千5百万年前的三叠纪、侏罗纪和白垩纪时期，食草恐龙进化出了很多种类，它们以那个时代的各种植物为食。

恐龙怎样对付坚硬的食物？

梁龙和腕龙这样的长颈恐龙属于蜥脚类恐龙，它们没有用来咀嚼富含纤维植物的那种扁平臼齿。因此，它们会吃下石头，帮助它们在胃里磨碎食物。现代的食草鸟类也是这么做的，例如火鸡。

梁龙有长长的脖子和尾巴，长约30米，是最大的蜥脚类恐龙

◀晚期侏罗纪的北美洲生活着所有种类的食草恐龙。

恐龙怎样对付特别坚硬的食物？

白垩纪晚期，鸭嘴龙出现了。它们看起来有点像弯龙，但它们有几大排非常结实的牙齿。这些牙齿可以用来咀嚼最硬的松针。

◀弯龙这类的食草恐龙会被跃龙这样的食肉恐龙猎食。

食草恐龙如何抵御食肉恐龙？

食草恐龙是食肉恐龙的理想猎物。其中一些，例如三角龙，用尖角保护自己。另一些，例如甲龙，全身覆盖硬甲。剑龙的尾巴上长有致命的尖刺。掘奔龙这类恐龙则会打洞。奇异龙这类跑得很快的恐龙则靠飞奔来逃离危险。

▶鸭嘴龙有数百颗用来咀嚼树叶的牙齿。它们还有几百颗备用牙齿以便随时替换那些在咀嚼中磨损的牙。

食肉恐龙有多厉害？

食肉恐龙是地球上曾经生活过的最大最残暴的猎手。

是什么让恐龙成为优秀的猎手？

食肉恐龙身体的每一部分都适应了捕猎生活。它们身体相对较小，因为它们不需要像食草恐龙那么庞大的消化系统。它们的下颌十分有力，锋利的牙齿能够撕裂肉，强健的后腿用来进行追逐，锋利的爪子能够抓住猎物，巨大沉重的尾巴能够保持平衡。

◀霸王龙是一种6500万年前灭绝的巨大残暴的捕食者。

它们如何杀死猎物？

牛角龙和它们的近亲长着锋利的牙齿。跃龙则使用前肢上强壮的爪子。速龙后脚上有致命的爪子。

▲跃龙是捕食大型恐龙的猎食者。

我们怎么知道它们吃什么？

通过研究恐龙粪便的化石就能知道它们吃什么。这些粪便变成了石头，称作粪化石。加拿大发现的霸王龙粪化石里有鸭嘴龙的骨头，这表明它们被霸王龙吃了。牙齿印痕也是一个线索。我们发现了蜥脚类恐龙骨头上的跃龙牙印，也发现了三角龙骨头上有霸王龙的牙印。

食肉恐龙很大还是很小？

不同大小的恐龙吃不同大小的猎物。南方巨兽龙是最大的食肉恐龙之一，它们捕食最大的食草恐龙。秀颚龙是最小的食肉恐龙之一，它们吃昆虫和小蜥蜴。

▶中华龙鸟是一种身上长有原始羽毛的小型恐龙。

更多相关知识 ▶ 爬行动物的兴起168–169 ■ 爬行动物196–197 ■ 食草恐龙170–171

海洋和天空里有什么？

恐龙不是三叠纪、侏罗纪和白垩纪的唯一动物，还有其他爬行动物。其中一些生活在海洋里，例如鱼龙；另一些长出了翅膀能够飞行，例如翼龙。一些爬行动物进化出翅膀，适应了飞行生活；另一些则回到它们祖先的故乡——海洋。

侏罗纪和白垩纪的爬行动物如何适应海洋？

它们进化出了水生动物所需的特殊体型。鱼龙这种爬行动物有流线型的身体和鳍，能够快速游泳；蛇颈龙有蹼状鳍；平滑侧齿龙有鱼雷状的身体，就像抹香鲸一样；沧龙有长长的身体，像海蛇一样游动；盾齿龙沉重的身体可以使它沉在海底；扁豆齿龙有海龟一样扁平的壳用来保护自己。

▲鱼龙是一种海洋哺乳动物，有着海豚一样的流线型身体。

什么是翼龙？

恐龙不会飞，但它们的近亲翼龙会。这些毛茸茸的爬行动物有结实的皮翼，连在四个长长的强有力的手指上。原始的翼龙种类，例如嘴口龙，有长长的尾巴，狭窄的翅膀，短短的腕关节以及僵硬的脖子。晚期的种类，例如翼手龙，尾巴较短，翅膀很宽，腕关节很长，脖子灵活。

翼龙有特殊的适合飞行的翅膀。最大的翼龙翼展11米左右

很多翼龙像鸟一样长着带有长喙的头

◀翼龙是会飞的爬行动物，它们是最早能够飞翔的脊椎动物。

翼龙吃什么？

和现在的鸟类一样，不同的翼龙吃不同的东西，我们可以从它们头部的形状来发现这种不同。颌翼龙吃鱼，有尖刺状的牙齿，能抓住滑滑的猎物。蛙颌翼龙是一种小型翼龙，嘴很宽阔，用来捕捉带翼的昆虫。准噶尔翼龙钳状的牙齿和巨大的胡桃夹子似的下颌表明它们吃甲壳动物。南翼龙则用长长下颌中细细的须子过滤湖水中的微小生物。

没有会飞的恐龙吗？

有一种叫小盗龙的小恐龙，体型大概和鸽子差不多。它们的前后肢上长着用于滑翔的羽毛。它们能像飞鼠一样从树上跳下来滑翔，但这并不是真的会飞。

▼原始祖鸟和尾羽龙生活在白垩纪，是长有羽毛的不会飞的恐龙。

恐龙之后
又出现了什么动物？

大约6500万年前，恐龙和其他大型爬行动物灭绝了。可能是一颗撞击地球的巨型流星杀死了它们，这颗流星造成了如此巨大的破坏，以至于只有很少的生物活了下来。当一切恢复平静，其他的动物兴起了，取代了爬行动物。这就是哺乳动物和鸟类。

鸟类是从哪儿来的？

鸟类事实上在恐龙时代就出现了。它们是小型的食肉恐龙进化来的。很多化石长有食肉恐龙一样的身体，但长着翅膀和羽毛。

◀营穴鸟是恐龙时代之后第一种大型捕食者，它是一种不会飞的鸟，事实上它看起来有点像食肉恐龙。

哺乳动物是从哪儿来的?

哺乳动物差不多在三叠纪和恐龙同时出现。但那时恐龙是陆地的主宰，哺乳动物只是不起眼的老鼠一样的动物。后来，它们分化成了各种不同的生命形式，就像2亿5千万年前的爬行动物一样。

◀大地懒是大型的地树懒，大小和现代的象差不多。

哺乳动物随着环境变化而变化了吗?

在哺乳动物时代的开始，地球上大多数陆地都覆盖着热带雨林。这里提到的动物多数都是热带雨林动物。大概3千万年前，气候变化了，出现了开阔的草原，于是马和羚羊这类奔跑迅速的草原动物出现了。2百万年前是冰河时代，这导致了猛犸象和披毛犀这类耐寒动物的出现。

▶披毛犀有用来御寒的厚厚毛皮。它们在一万年前灭绝了。

更多相关知识 ▶ 爬行动物的兴起168-169 ■ 有蹄动物186-187 ■ 鸟类194-195

早期人类从哪儿来？

动物进化了数十亿年，而人类仅仅在最近一百万年前左右才出现。

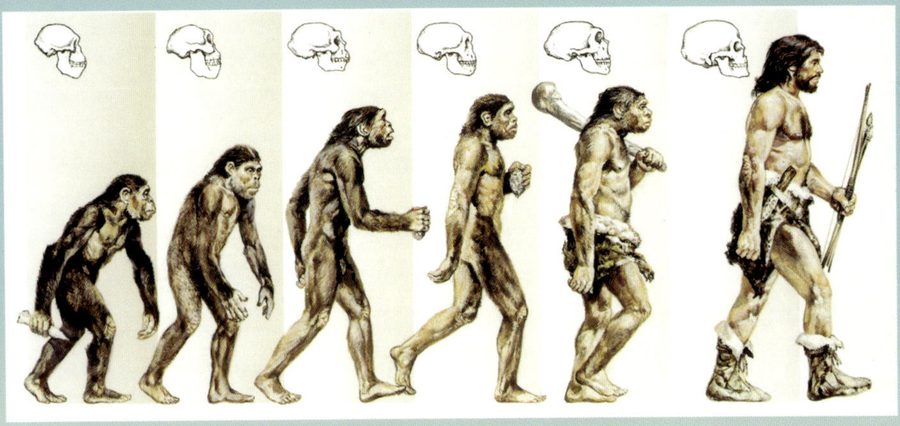

◀这幅画显示了人类进化的不同阶段，科学家们认为，现代人类是5百万年前从早期灵长类动物进化而来的。

谁是我们最早的祖先？

我们可以认为我们最早的祖先就是本章之前提到的分子。我们由一系列称作灵长类的哺乳动物进化而来。最早的灵长类动物之一是距今4700万年前的类似狐猴的达尔文猴，它们事实上可能不是我们的祖先，但和我们的祖先有很近的亲缘关系。

人类是在哪里进化出来的？

500万年前生活在东非的灵长类动物可能是我们的直系祖先。从这里开始，人类散布到世界各地，发展出文明、文化和工业。

◀南方古猿阿尔法种生活在300到400万年前，人们认为它们是现代人类的祖先。

更多相关知识 ▸ 生命是如何诞生的166-167 ■ 猴子和类人猿180-181

自然世界

猴子和类人猿有什么区别？

▲像人一样，黑猩猩是社会性动物，它们结成有50多个成员的群生活，这种群也叫社群或单位集群。

猴子和类人猿都属于灵长类动物。所有的灵长类都有一些共同特征，例如灵活的手指和脚趾，胳膊和腿也比其他哺乳动物更灵活，直视前方的眼睛使灵长类动物能够准确地判断距离，它们的脑很大。它们还有能对握的拇指，指甲很短。

大多数猴子有尾巴，类人猿没有。类人猿一般比猴子大，既能在树上生活也能在地面上生活。

▼吼猴是新大陆最大的猴子，它们也是音量最大、最吵闹的陆生动物。巨大的、特别的喉部使它们能发出很响的声音。

猴子和类人猿有哪些类型？

类人猿有两大类，即小猿和大猿。黑猩猩、大猩猩和红毛猩猩属于大猿。14种长臂猿属于小猿。264种猴子分为两大类：新大陆猴（例如吼猴，卷尾猴，狨猴）和旧大陆猴（例如叶猴，山魈）。

荒野的叫声

非洲绿长尾猴用各种各样的叫声警告同伴，它们的天敌老鹰、美洲豹和蛇出现了。当它们听见老鹰的警报时，猴子们藏进茂密的树丛里。听见美洲豹警报时，它们爬上高高的树顶。听见蛇警报时它们就原地提高警惕。

▶眼镜猴是一种很小的灵长类动物，眼睛很大，这样就能在黑暗中看见东西。它们短短的脖子很灵活，头能够旋转180度。

猴子和类人猿是如何与同类沟通的？

猴子和类人猿用各种各样的面部表情和声音来交流。灵长类动物的叫声多种多样，例如哼哼、低吼、歌唱、咆哮等等。求偶呼唤一般声音很大，不同种类有所不同。科学家们已知黑猩猩有34种叫声。

什么是原猴？

原猴是一类既不是类人猿也不是猴子的灵长类动物，包括狐猴和眼镜猴。狐猴主要居住在树上，用长长的尾巴来互相沟通。眼镜猴眼睛很大，后腿很长。

▼环尾狐猴只生活在非洲马达加斯加岛。它们的香腺能发出香味，借以彼此沟通。

最大的猴子是什么？

山魈是猴子中最大的一种。因为体型很大，经常被误认为是类人猿。抛开它们吓人的外表不论，山魈是十分社会性的生物。山魈的脸上有明亮的蓝红色图案，还有颜色鲜艳的屁股。当山魈生气或激动的时候这些颜色会变得更鲜艳。

▼绿长尾猴的脸、手、脚、耳朵和尾巴的末端是黑色的。小猴生下来的时候脸是粉色的，随着年龄增长变成黑色。

更多相关知识 ▶ 早期人类178 ■ 有蹄动物186-187 ■ 海洋哺乳动物190-191

熊有哪些种类？

熊有8种：眼镜熊、马来熊、大熊猫、亚洲黑熊、美洲黑熊、棕熊、懒熊和北极熊。所有的熊都有矮壮结实的身体、有力的四肢、厚厚的皮毛和短短的尾巴。北极熊和棕熊的尾巴最长。

▲阿拉斯加棕熊是大而有力的捕食者，但它们经常吃水果、树叶、浆果和小型啮齿动物。

熊是独居的吗？

大多数熊独居。它们只在交配季节才聚在一起。尽管如此，人们经常看见母熊和小熊在一起。雄性小熊足够大了之后就离开母亲，而雌性小熊经常继续住在母亲周围。

熊吃什么？

大多数熊是杂食的，它们既吃植物也吃肉。熊经常吃草、浆果和动物尸体。它们也捕捉那些容易抓到的小动物。一些熊类，例如黑熊和棕熊，也捕猎大型动物。北极熊吃肉，捕杀海象和海豹。它们也能用自己的熊掌从水里抓鱼。

◀人们经常在夏天的溪流里看见很多棕熊聚在一起捕鲑鱼。

▼小熊猫是大熊猫和浣熊的远亲，尽管如此，它属于另一个科——小熊猫科。

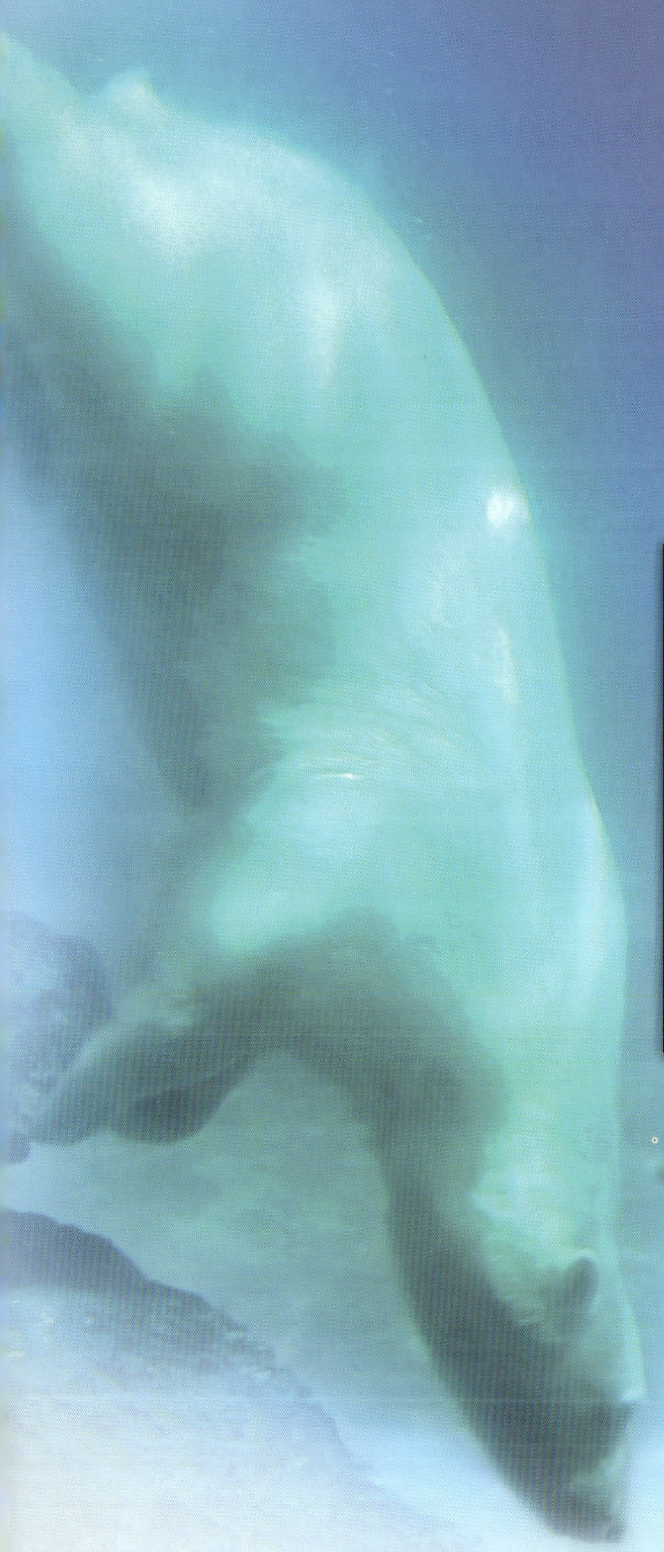

北极熊不怕冷吗?

北极熊的皮肤下面有用于保暖的厚厚脂肪层。它们的下层皮毛之上还有透明的外层保护性毛发。北极熊的毛是防水的，这使它们在冰冷的北极海水中游泳时也能保持温暖。

◀北极熊白色的毛皮下是黑色的皮肤，能最大限度地吸收太阳的热量。

处于险境

所有的熊类都是濒危动物。大熊猫则是最濒危的，大概有1000只大熊猫生活在中国中南部。这种动物面临的主要威胁是它们的栖息地——竹林正在丧失，大熊猫几乎只吃竹子。

▲大熊猫每天有12小时在吃，要吃12.5千克竹子。

▶考拉是澳大利亚的小型树栖动物，它们看起来像熊，但是其实是有袋动物，和袋鼠是近亲。

为什么熊冬天睡那么多觉?

一些熊类，例如棕熊和北极熊，它们生活的地方有漫长的冬季。冬天食物稀少，所以这些熊类在秋天补充脂肪，冬天就在温暖的洞穴里睡觉，保存能量。和冬眠的动物不一样，熊的体温在冬天不会下降很多。熊类也经常醒过来，暖一点的日子还会出去走走。

更多相关知识 ▶ 极地32-33 ■ 有蹄动物186-187 ■ 植物208-209

只有一种大象吗？

非洲象

有两种大象，非洲象和亚洲象。非洲象比亚洲象个头大，耳朵也大。非洲象的屁股比较大，毛也比亚洲象少。

亚洲象

象牙真的是大象的牙齿吗？

象牙事实上是延长的门牙。大象用象牙挖掘，寻找水和食物，剥树皮，保护自己和小象以及互相打架。小象6到12个月的时候要换牙，换过的牙会长成象牙。

▼两头雄非洲象。非洲象是最大的陆生动物。

大象如何保持凉爽？

大象用大大的扇子状的耳朵来散热。持续扇动耳朵能吹起微风，让身体凉快下来。大象也会在泥巴里打滚以便赶走高温。

消化能力弱

大象的消化系统很弱，只能消化40%的食物，所以必须吃很多东西。成年大象每天消耗140—270千克食物，60%未经消化就排出了。

象群有多大规模？

大象成群生活。象群里有大概30头象，由最年长的雌象领导。象群里多数是雌象，雄象长大后就会离开象群，它们会组成单身汉群体，或者自己生活。

大象鼻子是做什么的？

大象长长、灵活的肌肉质鼻子是最重要的器官，它是鼻子和上唇的组合体。大象用象鼻末端的鼻孔吸气，然后放进嘴里，嘴里有个特殊的器官可以辨别气味。它们用象鼻拉动树枝、喝水、吸气、挪重物。

◀ 大象鼻子的末端有手指状的部分，用来抓起小东西。非洲象有两个，亚洲象有一个。

所有大象都是野生的吗？

人们已经驯养大象很长时间了。大象可以用来运输、在马戏团里搬东西、在国王和贵族打猎时充当坐骑。古代印度也用大象来作战。即使今天，在印度和亚洲其他国家的宗教仪式和庙宇里还能看见大象。

▶ 印度斋浦尔邦球赛中的大象。大象球赛在英国统治时的印度王室很受欢迎，现在尼泊尔、斯里兰卡、印度和泰国还在举行大象球赛。

更多相关知识 ▸ 非洲60-61 ■ 有蹄动物186-187 ■ 两栖动物200-201

为什么有的动物有蹄子？

蹄子是特化的脚趾甲，用来支撑体重，也用来在捕猎者面前保护自己。有蹄动物主要有两大类：奇蹄动物和偶蹄动物。偶蹄动物的蹄子是偶数个，它们的蹄子有两瓣或四瓣，例如长颈鹿、羚羊、鹿、河马和骆驼。奇蹄动物的蹄子是奇数个，它们有一个或三个蹄子，例如犀牛和斑马。

马的奇蹄

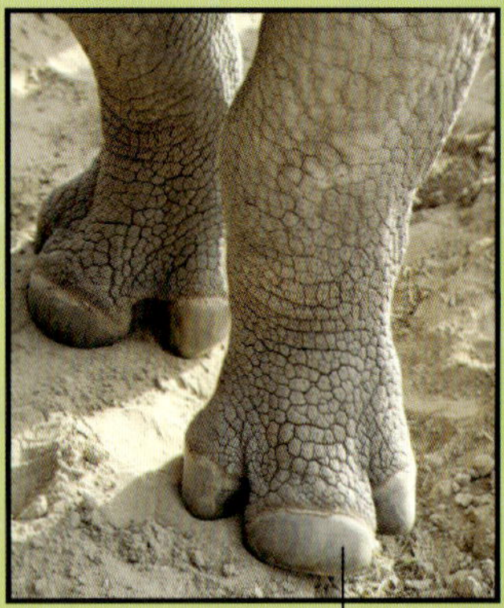

犀牛的奇蹄

什么是反刍？

偶蹄动物的胃分成很多小室。食物吞下后存在第一个室里，在这里它们被部分消化。部分消化的食物叫反刍物，反刍物回到嘴里，再咀嚼一次后来到胃的另一个室中进行完全消化。

什么是角？

羚羊和鹿用角标志领地、赶走敌人、在交配季节和其他雄性打斗。羚羊有一对直而中空的角；鹿的角则是实心、骨质、分叉的，每年都要换。

◀羚羊雄性和雌性都有角，但鹿只有雄性有角。

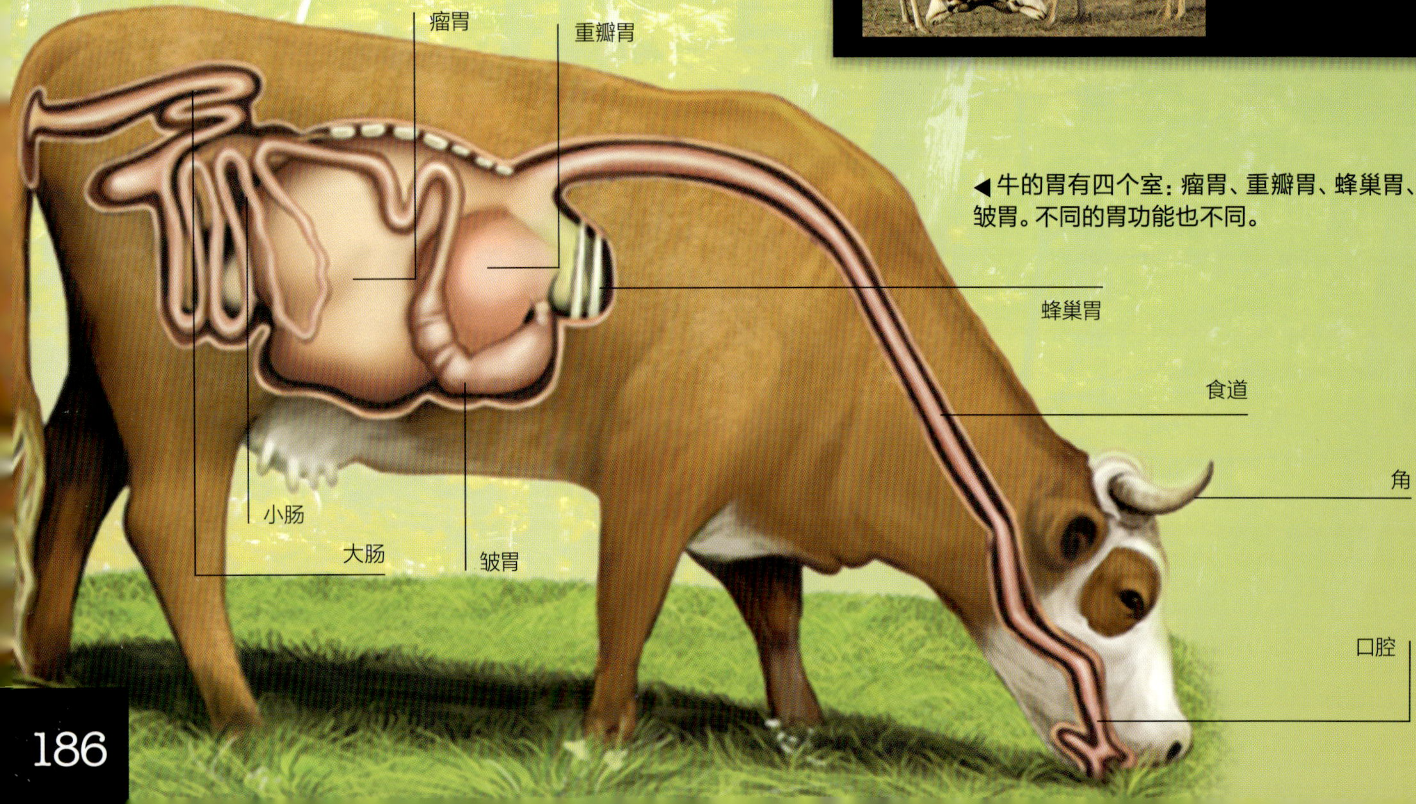

◀牛的胃有四个室：瘤胃、重瓣胃、蜂巢胃、皱胃。不同的胃功能也不同。

什么是奥卡狓？

奥卡狓和长颈鹿属于一个科。它们看起来像长颈鹿，但脖子短。奥卡狓有长而灵活的舌头，能把树叶从树上拉下来，能用来清洁眼睛，甚至可以用来清洁耳朵！事实上，奥卡狓是唯一能舔到自己耳朵的哺乳动物。

◀奥卡狓的腿上有斑马样的条纹。

什么是貘？

貘是一种像猪一样的生物，有短短卷曲的长鼻。它们和斑马、犀牛是近亲。它们的蹄子是分开的，前脚四个，后脚三个。蹄子能让貘紧紧抓住柔软泥泞的地面。所有的貘都喜欢水，大多数时间都泡在湖里和小溪里。它们吃水果、树叶和水生植物。

▶美洲貘经常潜在溪流的水底寻找食物。

骆驼的驼峰里储存了水吗？

骆驼有两种，双峰驼和单峰驼（阿拉伯骆驼）。双峰驼有两个驼峰，单峰驼有一个。和多数人想的不一样，驼峰里不储存水，里面储存的是大量脂肪。这些脂肪可以在食物短缺的时候提供营养。

▶骆驼是高度适应沙漠生活的动物，它们有带扁平肉垫的脚，能在热沙上行走。它们的血液中能储存水，而且骆驼既不出汗也不喘粗气，这能够将水保存在体内。

狼和狐狸是同一科的吗？

狼和狐狸都属于犬科。这一科还包括郊狼、澳洲野狗、胡狼以及驯化的狗。犬科大致可以分为真犬和狐两大类。真犬包括狼、郊狼、胡狼、非洲野狗、豺、狸、薮犬以及某些种类的狐。

▲红狼。红狼曾经在野外消失，但现在美国又重新引入了红狼。

狼和狐狸捕猎吗？

包括狼和狐狸在内的所有犬科动物都是出色的猎手。它们敏锐的嗅觉和听觉弥补了视觉的不足。狼和狐狸有长长的腿、灵活的腕关节和踝关节，这使它们能够飞速奔跑。它们有着锋利的匕首一样的犬牙，便于撕咬猎物。

◀狼是最大的犬科动物。

狼群有首领吗？

狼群中有一个具有繁殖能力的雄性首领为其他成员订立规则，这只首领叫头狼。头狼利用身体语言、面部表情、低吼、嚎叫、气味甚至打斗等手段支配狼群中的其他成员。头狼的配偶在狼群中排名第二，狼群里只有这只雌狼可以繁殖，其他雌狼必须照顾她的幼仔。

▲地位较低的雌狼有时也能交配，甚至能生下小狼。但它们没有照顾小狼的自由，也不会得到必要的帮助。

狼和狐狸是社会性动物吗？

狼是社会性动物，结成狼群生活。它们利用吼叫、低鸣、咆哮和嚎叫来彼此沟通。狼群的组成和规模取决于栖息地的状况和获取食物的难易程度。狼群通常有10到30个成员。狐狸则经常组成很小的群，它们单独捕猎。一对雌雄赤狐共同防御自己猎食的领地、抚养幼仔。有时群体则由一只雄性和很多只雌性组成。

▼狼的嚎叫能告诉狼群里其他成员自己的位置，还能警告其他的狼不要入侵自己的领地。

捕猎接力

犬科动物利用一种叫做捕猎接力的方法捕杀大型动物。首先群体中的一只成员追逐猎物，过一会儿后另一只成员接替它。群体中所有的成员轮流追捕，直到猎物精疲力竭为止。这时大家一拥而上将其杀死。利用这种方法，犬科动物能够捕杀像野牛这样的大型猎物。

▲一头狼一次能吃下9千克肉。找不到大动物的时候，它们也吃兔子、蜥蜴、鱼和鸟类。

更多相关知识 ▶ 有蹄动物186-187 ■ 大型猫科动物188-189 ■ 两栖动物200-201

海洋里有哺乳动物吗?

鲸和海豚是完全生活在海洋里的哺乳动物。其他的一些哺乳动物，例如海豹和海象，同时生活在海里和陆地上。它们要回到陆地产仔。和大多数哺乳动物不同，鲸和海豚没有毛发。作为替代，它们长着厚厚的脂肪层用以保暖。和陆地哺乳动物一样，它们用肺呼吸，胎生。

▲海豹这样的海洋哺乳动物的四肢已经变成了桨状的鳍，便于它们在水里游泳。

什么是须鲸?

须鲸是一种没有牙齿的鲸。它们有鲸须，能够从海水中过滤食物。须鲸把浮游生物连着大量海水一起吞进嘴里，然后闭上嘴，用舌头把海水从鲸须中挤出来，这样就能把浮游生物过滤出来了。

▼驼背鲸。一些最大的鲸属于须鲸类，例如世界上最大的动物蓝鲸。

什么是海牛？

北美海牛和儒艮都属于海牛类动物。它们是体型巨大肥壮的哺乳动物。海牛是除了鲸和海豚之外唯一完全生活在水里的哺乳动物。因为它们吃海底的海草和其他水生植物，所以得名海牛。

▶北美海牛出生在水下，海牛妈妈把幼仔带到水面呼吸，新生的小海牛在一个小时内就能学会游泳。

▲当鲸浮上来呼吸时，它们会喷出水柱，这是呼出到大气中的压缩气体。

鲸能在水下呼吸吗？

鲸不能在水下呼吸。它们的头顶有喷气孔，和鼻孔差不多。喷气孔在水下是关闭的。鲸有规律地来到水面张开喷气孔呼吸。吸几口气之后它们又潜回水下。

海豚和鲸是一样的吗？

海豚属于齿鲸。它们的嘴里有用于捕猎的小而尖的牙齿。齿鲸还包括逆戟鲸、抹香鲸、白鲸和鼠海豚。须鲸有两个喷气孔，齿鲸只有一个。

▼海豚的脑很大，人们认为它们很聪明。海豚有令人惊讶的学习和模仿能力。

聆听回声

海豚和鼠海豚通过回声定位的方法搜寻食物。它们能够发出高频尖叫和哨音，这些声音被猎物的身体反射回来。通过聆听回声，海豚就能判断出猎物是什么、位置在哪儿。

更多相关知识 ▸ 大海与大洋26–27 ■ 鱼类202–203 ■ 鲨鱼和鳐鱼204–205

什么是
大型猫科动物？

狮子、老虎、豹和美洲虎都属于大型猫科动物。它们的颅骨短而宽，爪子结实有力。它们有敏锐的嗅觉和视觉，是优秀的猎手；牙齿尖利，便于撕肉；爪子也又长又锋利，而且能够缩回脚掌中。

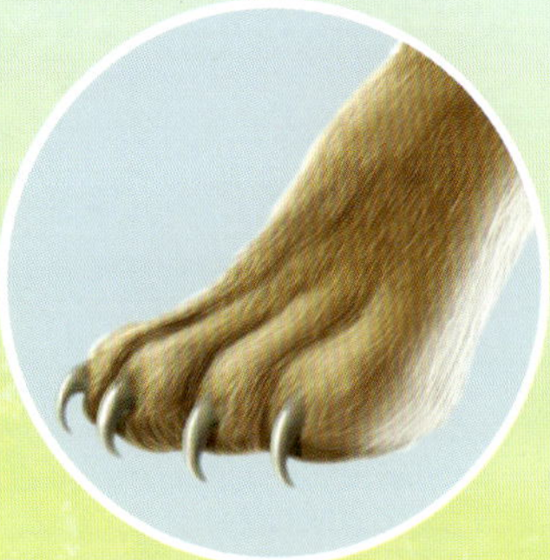

▲长长弯曲的锋利爪子可以用来抓住并杀死猎物，也能用来爬树。

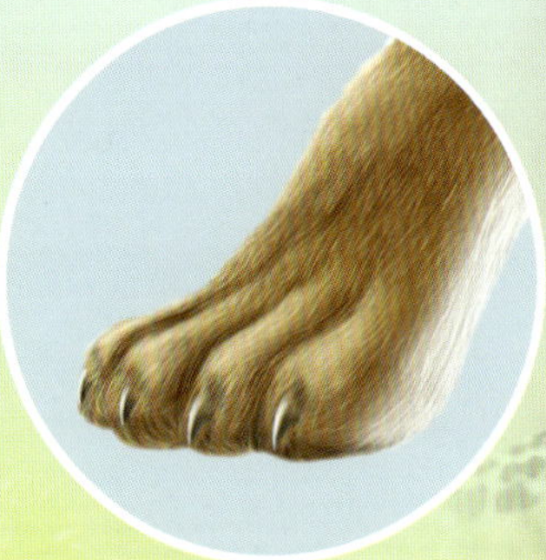

▲休息或走路时爪子缩回去，这能使爪子保持锋利。

▲豹带着猎物爬上树。豹是天生的爬树高手。它们锋利的爪子有利于攀爬，较轻的体重和长长的尾巴有助于保持平衡。

◀狮子、老虎、豹、美洲虎是四种最大的猫科动物。

大型猫科动物和其他猫科动物有什么不同？

所有的大型猫科动物都会吼叫。猫科动物的嘴里有连接舌头和口腔顶部的舌骨。小型猫科动物的舌骨已经硬化为真正的骨头。而大型猫科动物的这一结构则富有弹性，使它们能发出响亮的吼声。

猎豹是大型猫科动物吗?

猎豹不是真正意义上的大型猫科动物，因为它不会吼叫。它们也比四种真正的大型猫科动物小。尽管如此，猎豹有着强有力的腿和致命的尖牙，是出色的捕猎者。猎豹是陆地上速度最快的生物。它们长着苗条的腿和有弹性的脊椎，这使得猎豹奔跑的速度能够达到每小时110千米。

▲猎豹鼻孔很大，能在短距离飞奔时吸进更多空气；短短的不能缩回的爪子在追逐猎物时能提供抓地力。

黑还是白?

黑化和白化在豹和美洲虎当中是很正常的。黑色素分泌过多就会使身体变成黑色。仔细观察仍能分辨出豹和美洲虎身上典型的斑点。白化是皮肤、毛发和眼睛中缺乏色素造成的。白化的豹和美洲虎叫做白豹。

◀黑豹

大型猫科动物成群生活吗?

狮子是唯一成群生活的大型猫科动物。一个狮群包括3到30头狮子，但平均是4到6头。1到5只成年雄狮和一些雌狮、幼狮组成一个狮群。老虎、豹和美洲虎都是独居动物。它们只有交配季节才聚在一起。

▲成年狮子在保卫狮群的时候会变得十分凶猛。

◀根据猎物多少的不同，老虎的领地范围可能有25到80千米，老虎会凶猛地捍卫自己的领地。

为什么大型猫科动物要抓树?

所有大型猫科动物都是领地性动物。老虎在树皮上留下爪痕和尿迹，以便让其他老虎知道这里已经被占领了。它们也会用爪子抓地面留下警告的记号。豹和美洲虎也会用同样的方式标记领地。

更多相关知识 ▸ 狼188–189 ■ 有蹄动物186–187 ■ 两栖动物200–201

为什么鸟类要有羽毛？

鸟类要有羽毛才能飞翔。在冬季，羽毛能够帮助鸟类保暖，羽毛也能防水。羽毛通常颜色艳丽，使鸟类看起来更加漂亮。

鸟类换羽毛吗？

鸟类的羽毛会磨损，所以需要更换。这一过程称为换羽。很多鸟类会同时换下对称的一对飞羽，在第一对飞羽完全长出来之前不会换第二对。一些像鹅和鸭子这样的鸟会同时换掉所有羽毛。

▶ 鸟类没有牙齿。它们用砂囊磨碎食物。嗉囊则可以储存食物，之后再慢慢消化。

为什么鸟类要迁徙？

当季节变化的时候，鸟类要迁徙到更暖和的地方。它们飞到另一个地方去寻找食物、躲避寒冷。一些鸟类，如北极燕鸥，能够穿越4万千米，在南北两极之间往返。

▼雪鹅在北极苔原上繁殖，冬天迁往南方。迁徙中一个家庭经常在一起飞。

鸟类为什么要筑巢?

鸟类筑巢是为了养育幼鸟。鸟类会选择不同的地方筑巢。一些鸟类，例如火鸡，把蛋埋在树叶堆下面。其他一些鸟类，例如海雀，把蛋生在岩石上。很多鸟类还会使用别的鸟不要的巢。鸟巢的形状和大小有很多种，有简单的杯型巢，也有织布鸟那种精巧地悬在空中的巢。一种特殊的穴金丝燕用自己的唾液筑巢。

雄性织布鸟建巢吸引雌性

南方黑脸织布鸟

▶织布鸟把草、树叶、芦苇编织起来筑巢。

鸵鸟有所有陆生动物中最大的眼睛，直径5厘米!

◀鸵鸟能以每小时70千米的速度奔跑，一步能跨出3到5米。

长脖子

雌性的尾羽是棕色的，雄性则是白色

脚上有两个脚趾以及又长又锋利的爪子

鸟喙的故事

鸟喙能够告诉我们它们吃什么。蜂鸟的喙又长又直，适合吸花蜜。鹰的弯钩形喙是用来撕肉的完美工具。褐鹈鹕大大的篮子型喙能装从水底抓来的鱼。

▲红喉蜂鸟。只有雄性的喉部是红色的。

所有的鸟都会飞吗?

一些鸟不会飞，比如鸵鸟和企鹅，但它们有别的方法保护自己不被食肉动物猎杀。企鹅是游泳健将，它们的羽毛上面有油，能够防水。鸵鸟和鸸鹋有长而强壮的腿，跑得很快。

更多相关知识 ▶ 极地22–23 ■ 有蹄动物186–187 ■ 昆虫和蜘蛛206–207

什么是爬行动物？

爬行动物是一种冷血动物。它们自身不能维持体温。所有爬行动物都有长着鳞片的皮肤，没有毛发。它们定期蜕皮。乌龟、海龟、蛇、蜥蜴、非洲鳄以及短吻鳄都属于爬行动物。

▲羊膜卵覆盖着硬壳，可以让空气进入却不能让水进入。

爬行动物的蛋有什么特殊之处？

爬行动物是唯一产羊膜卵的动物。羊膜是母亲子宫中用来保护胎儿的一层特殊的膜。坚硬的蛋壳和里面的羊膜层能够保护未出生的爬行动物免受严酷环境的伤害。

乌龟和海龟有什么区别？

海龟生活在海里，而乌龟多数生活在陆上。海龟和陆龟能长得很大很大，但淡水龟一般比较小。它们都有扁平的骨质保护壳。海龟的壳比乌龟更扁更轻。

为什么爬行动物要晒太阳？

所有的爬行动物都要通过晒太阳来温暖身体，因为它们是冷血动物。一些爬行动物身体颜色较暗，能够吸收更多阳光。如果在身体足够暖和之前头部先过热了，爬行动物就会把嘴张得大大的，使嘴里的水分蒸发，以此使头部冷却下来。这种行为在鳄鱼身上很常见。

▲彩虹蜥在晒太阳。

什么是科莫多龙？

科莫多龙是世界上最大的蜥蜴。它们生活在炎热干燥的地方，主要吃腐尸，也捕食小动物。科莫多龙动作灵敏反应迅速。它们能爬树，同时也是游泳好手。

◀科莫多龙在吃死去的野牛。

◀澳大利亚卡卡杜国家公园的伞蜥。

吓得打开伞

伞蜥生活在澳大利亚和新几内亚。它们因脖子上大大的“伞”而得名。伞由长长的骨棘支撑，当伞蜥受到威胁的时候就会打开。

爬行动物怎样在敌人面前保护自己?

当陷入危险的时候，大多数爬行动物选择躲起来。如果被发现了，爬行动物会采取各种不同的防御手段。一些爬行动物会让自己显得比真实体型大，以此吓跑敌人；另一些则会发出响亮的噪音或者释放有臭味的化学物质。很多蛇类、蜥蜴和龟类咬人很痛，有时还带毒。一些蜥蜴，例如变色龙，能够改变颜色使自己和周围的环境融为一体。

鳄和短吻鳄有什么区别?

短吻鳄身体更大，口鼻部很宽且呈U型。而鳄类的口鼻部较窄，呈V型。两种动物的第四颗牙齿都比较大，但鳄类的第四颗牙齿在闭嘴的时候也露在外面。

▲鳄类和短吻鳄属于不同的科。它们嘴的形状也是适用于捕猎不同猎物的，短吻鳄能轻松咬破龟壳，而鳄类更喜欢吃鱼。

更多相关知识 ▸ 爬行动物的兴起168–169 ■ 空中和海里174–175 ■ 蛇类198–199

蛇能飞吗？

飞蛇并不会飞，它们只是滑翔而已。飞蛇从树上跳到空中，然后靠波状运动稳定身体，最后在地面上指定的地点降落。飞蛇就像是在空气中游泳，能滑翔100米远。

蛇类如何杀死猎物？

一些蛇类用毒牙向猎物身体里注射毒液，例如眼镜蛇和蝰蛇。毒牙比其他的牙齿要长，和头部的毒腺相连。毒腺里的毒素通过毒牙上的槽流进猎物体内。另一些蛇类则缠在猎物身上勒死对方，例如蟒蛇。

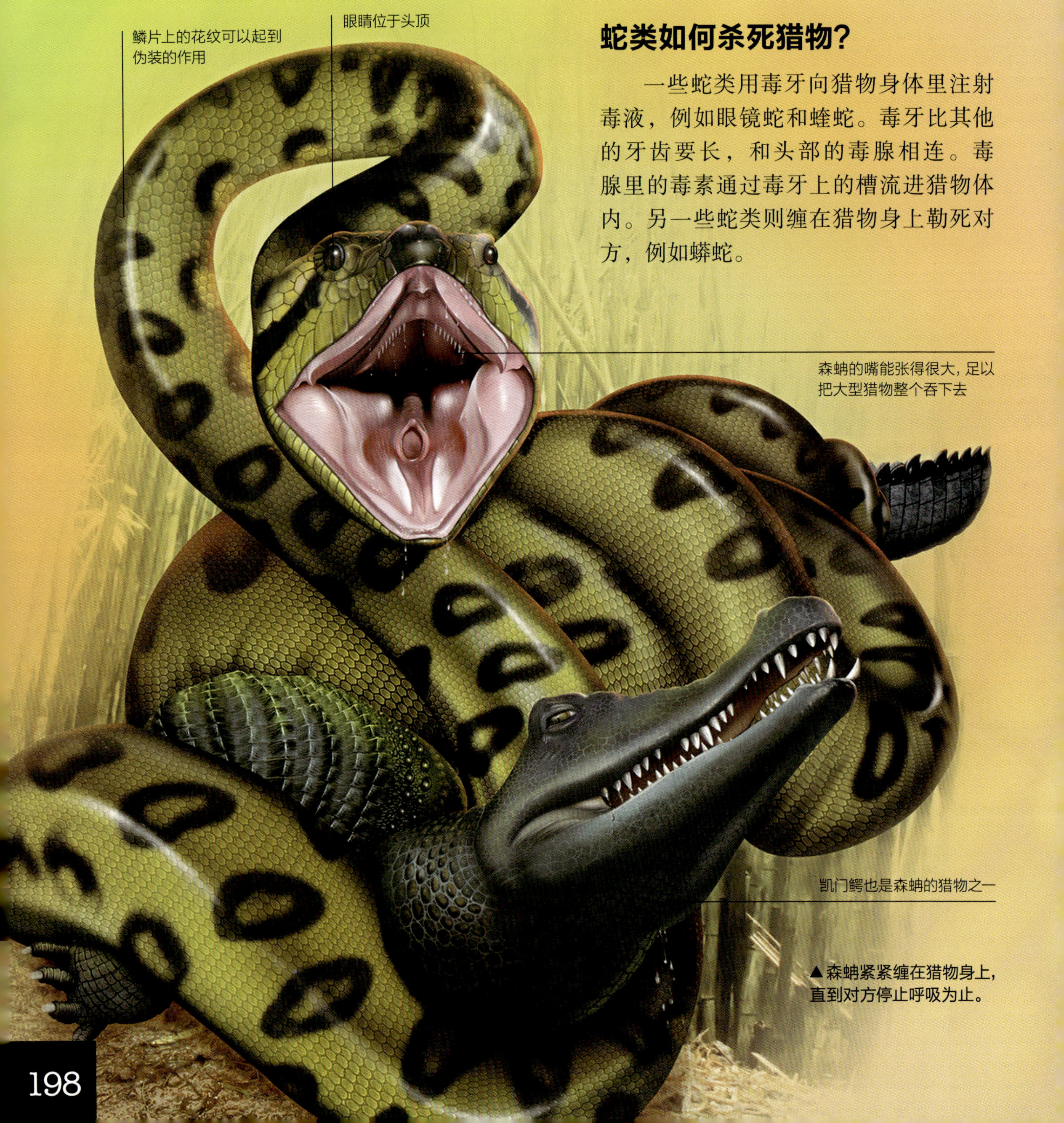

▲森蚺紧紧缠在猎物身上，直到对方停止呼吸为止。

▲蛇不停地伸舌头以搜寻猎物的气味。

为什么蛇要伸舌头？

蛇伸舌头是为了闻气味。空气中的化学分子粘在舌头湿润的表面，随后，蛇把这些分子送到嘴里的感觉器官，这个器官名叫犁鼻器。它可以帮助蛇探测猎物、捕食者以及任何其他的危险。

咝咝作响

蛇没有声带，所以不会叫。但它们能够让空气通过嘴里的一个名为声门的开口，从而发出咝咝声。

为什么蛇要蜕皮？

蛇要脱掉自己的皮，用新皮替换旧皮，这样才能长大。这一过程称为蜕皮。在蜕皮之前蛇不再吃东西，躲到安全的地方。随后，旧皮从嘴的附近裂开，然后变干。

▲蜕皮可以帮助蛇摆脱寄生虫、螨虫和壁虱。

▼蛇的波状运动方式称作横向波动。

蛇没有四肢怎么运动？

蛇将自己的身体左右弯曲，通过波状的运动方式前进。蛇利用这种方式在粗糙的表面上爬行。此外，它们可以用一种横摇的姿势前进，称作侧向蜿蜒。

更多相关知识 ▸ 爬行动物的兴起168-169 ■ 空中和海里174-175 ■ 爬行动物196-197

两栖动物能同时在 陆上和水里生活吗？

“两栖”是两种栖息方式的意思，是说这种动物既能生活在水里也能生活在陆地上。两栖动物的卵产在水里或靠近水边的潮湿地方。大多数两栖动物出生在水里。

两栖动物长大的时候会发生什么？

两栖动物随着生长而变化。在幼体阶段，它们有鳃，能从水里吸收氧气，而且这时可能没有腿。但当它们长大时，就会长出肺来呼吸空气，长出腿来在陆地上行走。

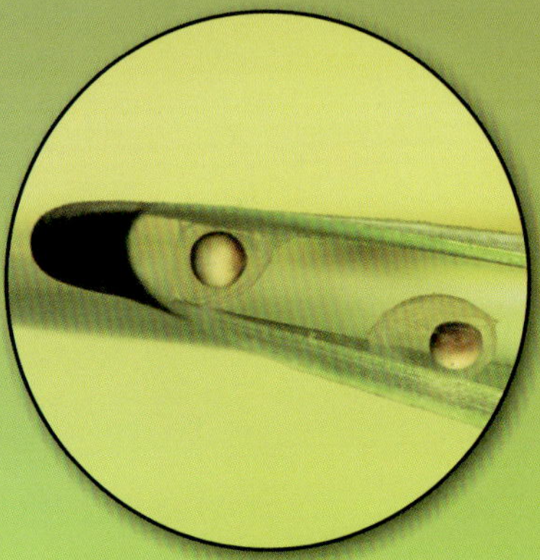

▲蝾螈的卵产在水下，卵缠绕在水底植物的叶子上。

▲孵化出的幼体用鳃呼吸，有鱼一样的尾巴用来游泳。

两栖动物有毒吗？

有一些两栖动物有毒，例如箭毒蛙和甘蔗蟾蜍。最毒的当属金色毒蛙。这种蛙的皮肤腺里含有极强的毒素，能立即杀死一个人。

◀箭毒蛙很小，但它们是地球上最毒的物种之一。

▲美国牛蛙绝大多数时间呆在水里或水边。

青蛙和蟾蜍不一样吗？

青蛙和蟾蜍都是两栖动物，但它们之间也有区别。青蛙皮肤光滑，脚上有蹼，喜欢潮湿的地方。蟾蜍的皮肤比较干，上面有疙瘩，喜欢比较干燥的地方。蟾蜍比青蛙更粗壮，跳得不如青蛙远。

▲蟾蜍也属于蛙类，所有的蟾蜍都是蛙，但不是所有的蛙都是蟾蜍。

两栖动物怎样对抗严寒酷暑？

两栖动物属于冷血动物。这意味着它们的体温随周围环境温度的变化而变化。热的时候，它们跳进水里或躲到凉快一点的地方。冷的时候它们晒太阳以保暖。两栖动物在温暖的条件下比较活跃，冷的时候就进入休眠。

为什么大多数两栖动物黏糊糊的？

一些两栖动物没有肺，靠皮肤呼吸。所以皮肤必须保持湿润，这样氧气才能溶解并进入身体。蟾蜍这样的两栖动物有发达的肺，皮肤较为干燥，不需要大量依靠皮肤呼吸。

▼很多蛙类会把两颊下的声囊鼓起来，这样叫声更响。

大冰冻

冬天的时候，树蛙可以使自己冻结。在休眠状态下它们的心脏和脑停止工作，全身硬得像块冰。当周围变暖的时候，它们的心脏和脑又恢复正常工作。

更多相关知识 ▶ 海洋哺乳动物190-191 ■ 爬行动物196-197 ■ 鱼类202-203

鱼鳍怎样帮助鱼游泳？

对于鱼而言，鱼鳍是最重要的器官，能够帮助它们游泳。背鳍位于背部，能够帮助鱼保持平衡，防止在急转弯的时候翻过来。尾鳍则能起到方向舵的作用。

▶鱼身体不同部位的鳍有不同作用，海豚虽然不是鱼，但也长着和鱼类似的鳍。

生活在气泡里

鹦鹉鱼会自制睡袋。在睡觉前它们从嘴里分泌粘液做成睡袋，将自己藏在袋子里躲避捕食者。这种粘液茧也有治疗的功能，能够修复鱼身上的伤口。

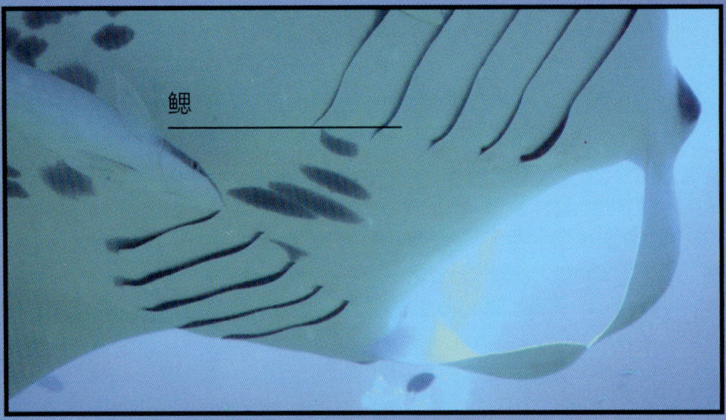

鱼在水下怎么呼吸？

鱼在水下用鳃呼吸，鱼吸进一大口水，然后让这些水通过鳃排出。鳃能够吸收氧气，并将二氧化碳送回水中。

◀鳃有梳子状的结构，能够从水中吸进氧，排出二氧化碳。

鱼鳞和爬行动物的鳞有什么不同？

爬行动物的鳞附着在最外层的皮肤上。爬行动物会蜕皮，用新皮替换旧皮。鱼鳞则长在内层皮肤上，鱼不蜕皮，鱼鳞是永久性的。

◀鱼鳞和爬行动物的鳞不同，不能更换。

深海鱼类怎样在黑暗中看见东西?

一些鱼类生活在深海光照不到的地方，例如蝰鱼和鮟鱇鱼。这些鱼类的身上有一些特殊的器官，称为发光器，能发出光来。例如鮟鱇鱼，它的头上有一个小柄，柄的末端有一个发光器。鮟鱇鱼不仅用它来找路，还可以用来吸引猎物。

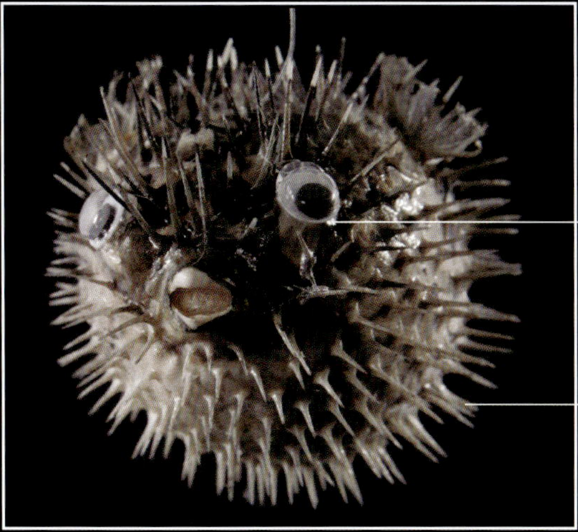

◀一只河豚鱼的毒素能杀死30个成年人。

眼睛可以独立运动

当河豚鱼把自己吹起来的时候刺就会支起来

▲鮟鱇鱼的光是靠数百万的发光细菌发出的。

鱼类有毒吗?

有很多有毒的鱼。最毒的鱼是河豚。河豚的身上有尖刺，当受到威胁的时候，河豚可以吸进大量的水，把自己吹得像气球。河豚的内脏有毒，能立即杀死攻击者。

鳗鱼和别的鱼有什么不同?

鳗鱼实际上就是一种长长的鱼。然而，鳗鱼没有腹鳍，它们的背鳍、臀鳍和尾鳍融合在了一起，形成了一个飘带样的鳍围绕着整个身体。多数鳗鱼生活在浅水中，或者躲在海底的小洞里，这种小洞也叫鳗鱼穴。

◀最长的海鳗有4米长。

更多相关知识 ▶ 大海与大洋26-27 ■ 海洋哺乳动物190-191 ■ 爬行动物196-197

鲨鱼和其他的鱼有什么不同？

鲨鱼的骨骼和其他的鱼有很大不同，它们是由软骨组成的，不像骨头那么坚硬，但是结实而有弹性。软骨减轻了骨骼的重量，在游泳时能节省能量。

鲨鱼怎样浮在水中？

和其他的鱼不同，鲨鱼没有鱼鳔。它们必须不停地游泳，否则就会沉下去。鲨鱼的肝脏很大，占体重的30%。它们的肝脏中含有一种特殊的物质，称为鲨烯。鲨烯比水轻，能帮助鲨鱼浮在水中。很轻的软骨也有助于保持浮力。

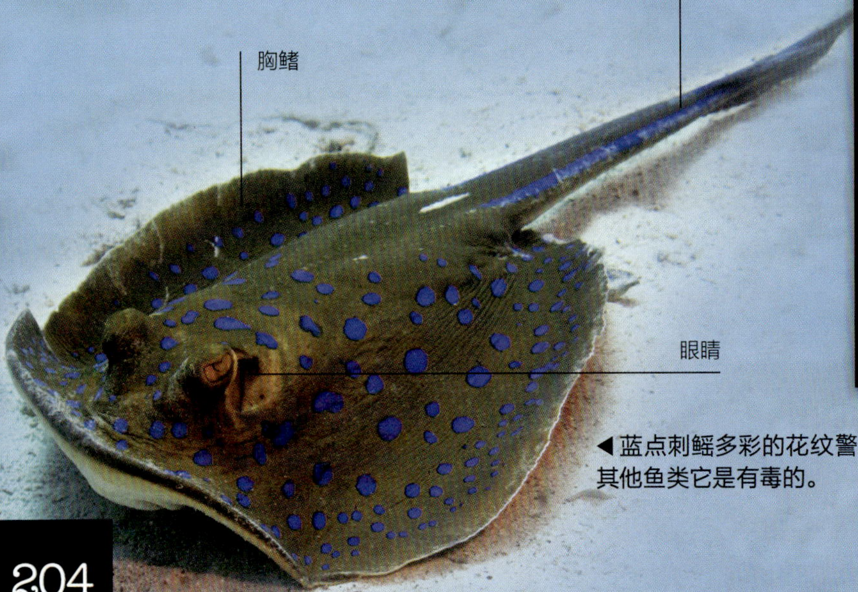

◀蓝点刺鳐多彩的花纹警告其他鱼类它是有毒的。

什么是鳐鱼？

鳐鱼是一类身体扁平的鱼，属于鲨鱼类。它们主要生活在海底。鳐鱼鳃的开口在鳍的下面。鳐鱼利用嗅觉寻找猎物。它们看不见猎物，因为它们的眼睛长在身体的上面，嘴却长在底下。

▲太陆鲨是一种生活在二叠纪的鲨鱼。它们的牙齿在嘴里排列成螺旋状。

古代鲨鱼

鲨鱼已经生存了4亿多年了，甚至在恐龙出现之前就已经存在了。最早的鲨鱼（例如裂口鲨）都不太大。尽管如此，它们是出色的捕食者。大约1亿年前开始进化出现代鲨类。这其中最为著名的当属巨齿鲨，它是大白鲨的始祖。

雪茄鲛吃什么?

雪茄鲛能在体型更大的鲨鱼身上咬出饼干型的伤口。它长着吸盘一样的嘴，能把自己粘在食物身上。然后雪茄鲛扭动身体，整整齐齐地切下来一块肉，最后带着这块肉游走。雪茄鲛咬鲸鱼、海豚、乌贼以及其他各种鱼类。

◀雪茄鲛正在咬海豚。这种小鲨鱼的腹部能发出生物荧光，也就是说在四周一片黑暗的时候能闪闪发亮。

鲨鱼是如何找到猎物的?

大多数鲨鱼都有敏锐的嗅觉，而且也能感受到水中哪怕是最轻微的运动。护士鲨居住在海底，它的吻部下面有胡子一样突出的器官，称作鼻须。这个器官能够帮助鲨鱼感知藏在沙子里的微小海洋生物。鲨鱼的吻部还有小孔，这些小孔连着一个充满果冻状物质的液囊，即劳伦斯壶。鲨鱼用这个器官探测其他生物产生的微弱电脉冲。

▶底栖的柠檬鲨有时单独行动，有时组成一群。它们吃鲶鱼、刺鳐、螃蟹、鳌虾以及其他更小的鲨鱼。

更多相关知识 ▶ 大海与大洋26-27 ■ 海洋哺乳动物190-191 ■ 鱼类202-203

昆虫和蜘蛛有什么区别?

一个很大的区别是蜘蛛没有触角。蜘蛛的身体分为两部分，有四对足，而昆虫的身体分三部分，有三对足。

▲蚂蚁、蛾子、黄蜂、臭虫都属于昆虫。

▲墨西哥红膝鸟蛛。捕鸟蛛、蜘蛛、蝎子、壁虱、螨等等都属于蛛形纲动物。

什么是社会性昆虫?

蜜蜂、蚂蚁和白蚁被称为社会性昆虫。它们结成庞大的家庭居住，称为蚁群或蜂群。群中的每个成员都有特定的角色。王后负责产卵，一只白蚁蚁后每天能产3万个卵，一只蜂后每天能产1000多个卵！群中的工蚁或工蜂负责外出寻找食物以及照料幼虫。它们还要负责保持窝内卫生。兵蚁则负责保护蚁群。

昆虫怎么呼吸?

昆虫没有肺，它们的腹部有小孔，称作气门。腹部里面还有一些管子，氧气就是通过气门和这些管子进入体内的。一些昆虫的幼虫有鳃，便于吸收水中溶解的氧气。

▼白蚁蚁后周围围着工蚁。随着蚁群逐渐发展成熟，蚁后的身体也越来越大，产卵的能力也越来越强。

什么是变态?

变态是昆虫成长中所经历的一个变化过程。一些昆虫经历不完全变态，而另一些则是完全变态。完全变态的昆虫要经历四个阶段，即卵、幼虫、蛹、成虫。在不完全变态过程中，昆虫脱下旧皮变成发育完全的昆虫。这一过程叫做蜕皮。

▲蝉从它幼虫形态的外骨骼中钻出来。

昆虫昆虫，到处都是昆虫!

昆虫是世界上最大的一个生物类群。每10个动物中就有8个是昆虫。昆虫是无脊椎动物（没有脊椎的动物）。大概有925000种昆虫。这其中有5000多种蜻蜓，11万种蜜蜂和蚂蚁，3500多种蟑螂。

昆虫是有害的吗?

很多昆虫是有害的。其中一些是吸人血的寄生虫，例如蚊子、臭虫和虱子。另一些则传播疾病，例如家蝇和蟑螂。蝗虫毁坏庄稼。白蚁和钻孔虫蛀食木制家具。尽管如此，很多昆虫是有用的。蜜蜂为我们提供蜂蜜和蜂蜡，蚕提供蚕丝。蝴蝶和蜜蜂为花朵授粉，帮助植物繁殖。

▼蚂蚁在搬运一只死去的昆虫。蚂蚁吃其他昆虫。

昆虫怎样彼此沟通?

昆虫利用不同的方式彼此沟通，大多数时候是用来吸引配偶。昆虫可以摩擦身体的特定部位来发出声音，这就是虫鸣。蟋蟀摩擦翅膀，蚱蜢摩擦腿。另一些昆虫则用腹部敲击地面来制造声音，例如甲虫和蟑螂。

▶蝗虫和蚱蜢破坏庄稼。

更多相关知识 ▶ 疾病164 ■ 两栖动物200-201 ■ 植物208-209

植物真的需要根吗？

▲榕树的气根从树枝垂向地面。

根把植物固定在土地上，吸收土壤里的水和矿物质以制造养分。有一些植物的根，比如萝卜和红薯，会把多余的养分以碳水化合物的形式储存起来。有一些植物，比如榕树，它们从枝条上长出气根，下垂着扎进土里，支撑起植物，它们越长越粗，看上去就像普通的枝干一样。

植物如何生长?

大多数植物是从种子长成的。当雄蕊中的花粉粒与雌蕊中的卵细胞相遇就会形成种子。种子在土壤里发芽，发育出根，这些根从土壤中吸取植物生长必需的养分。然而，并不是所有的植物都是从种子生长而来的。有些植物，比如苔藓和蕨类植物是由微小的孢子生长而成的。

▼种子由出芽到成长为新植株的过程被称为发芽。

▲茅膏菜困住了一只蛾子。大多数食肉植物也通过光合作用制造养分。

所有的植物都自己制造养分吗?

世界上有超过500种食肉植物是通过捕食昆虫来获得养分的。维纳斯捕蝇草长着耳垂状的叶子，上面布满了敏感的绒毛。当昆虫在上面停留的时候，捕蝇草会猛地合拢叶片，把昆虫困住。茅膏菜和毛毡苔的触手状叶子会制造粘稠的液体来困住并消化被抓住的昆虫。

树可以长多高?

北极苔原上的矮柳是世界上最矮小的树。它完全长成的时候也只有6厘米高。现存最大的树是位于美国加利福尼亚州红杉国家公园里的巨红杉，它的名字叫谢尔曼将军，它高达83.8米，树龄超过了2000年。

植物怎样在沙漠里存活?

沙漠植物已经适应了干燥的环境。沙漠植物都进化出很长的根，以吸收土壤里的水分。此外，它们的茎上长了非常厚的蜡质，可以保持水分。它们叶片细小，能减少水分的蒸发。

▶箭筒树在树干和叶子里储存水分，这可以使它在非常干燥炎热的地区存活下来。

需要一片阿司匹林吗?

柳树的树皮中含有一种能够缓解疼痛的化学成分。过去几百年中，人们通过咀嚼柳树皮来减轻疼痛。后来，同样的化学成分被用来制造阿司匹林。

更多相关知识 ▶ 沙漠 30-31 ■ 北美洲 44-45 ■ 昆虫和蜘蛛206-207

索引

E

F

G

Y

图片来源

标题页：NASA：约翰逊空间中心

版权页：NASA：约翰逊空间中心

正文：

国家科学基金: Chris Kannen.

Istockphoto: Oversnap; Jose Carlos Pires Pereira; Catherine Yeulet.

Photolibrary: Robert Harding.

Shutterstock: Route; Fatih Kocyildir; Pjcross; Sebastian Kaulitzki; Mike Brake; ligio.

Dreamstime: Kun Yang.

Shutterstock: Antony McAulay 11(t); Urosr 21; Pavol Kmeto 24(t); Urosr 25(t); Javarman 25(c); Robyn Mackenzie 26(l); Epic Stock 26(r); Lukasz Misiek 27(tl); Johnny Lye 28; Eduardo Rivero 28(tl); Natalie Jean 28(tr); EcoPrint 31(t); Tezzstock 31(bl); Styve Reineck 31(br); Apdesign 30–31; Katrina Leigh 37(t); Chezlov 38(c); Gary 38(b); Thomas Hruschka 39(t); Vladislav Gurfi nkel 40(c); Natalia Bratslavsky 43; Videowokart 44(b); Albo 44–45; Aaron Rutten 45(tr); Ales Liska 45(cr); Innocent 46–47; David Thyberg 46(t); Thomas Heinze 46(bl); Jamie Robinson 46(br); Jorisvo 47(t); Joel Shawn 47(c); Eduardo Rivero 47(b); Ostill 50(t); Absolut 50(b); Khirman Vladimir 51(t); Route 51(c); Makarov Alexander Alekseevich 52(b); Khirman Vladimir 55(t); Wong Yu Liang 56–57; Igor Plotnikov 57(t); Adrian Zenz 58(b); Kris Vandereycken 59(tl); Mypokcik 59(tr); Bierchen 59(cl); Seleznev Oleg (60t); Stefanie Van Der Vinden (60b); Roger De Marfa 61(cl); Christopher Meder Photography 62(b); Oksana Perkins 63(c); Andr é Klaassen 68(t); Baloncici 69(t); Heather Lewis 71(b); Andrei Nekrassov 76(t); Adrian Hughes 77(b); Aquatic Creature 80(b); Nickolay Stanev 81(t); Jose Galveia 83(c); Dr. Morley Read 90(c); Subbotina Anna 90(b); Hugo Maes 95(t); Fly 95(b); Siloto 97, 98(t); Maugli 98(b); David 99(t); Cecilia Lim H M 100(t); Berto Paeli 101(b); Ferenc Szelepcsenyi 102(b); Route 105(b); Debby Wong 106(c); Herbert Kratky 109, 113(tr); Denis Kornilov 110(t); Ingret, Polushkin Ivan Nikolaevich, Dusty Cline 113(br); Doug James 114(t); Marcel Jancovic 115(t); Kristian Sekulic 116(t); Sven Hoppe 116(b); Herbert Kratky 118(t); Carsten Medom Madsen 118(c); Perkus 118(br); Amy Johansson 119(cl); Ilya D. Gridnev 119(r), 126(bl); Filipe B. Varela 120; Pranav Vora 122(b); Luciano Mortula 123(t); Haider 124(t); Fatih Kocyildir 125(t); Gina Smith 126(br); Aptyp Kok 128(tr); Marc Dietrich 128(c); Steve Collender 128(cr); Nata Sdobnikova 129(tl); Tobik 129(tc); Valdis Torms 129(bl); Jan Daly 130(t); Jules Studio 130(b); Andreas G. Karelias 131(tl); Dariush M. 131(tr); Alexander Ishchenko 131(c); Pjcross 131(b); Kutlaev Dmitry 133(cr); Nicolas Mc Comber 136(l); Tatiana Sayig 136(r); Foray 140(l); Jacek Chabraszewski 141(tr); Albert Lozano, Christopher Tan Teck Hean 141(bl); Rorem 141(c); Christopher Halloran 141(br); James Steidl 142(tr); Le Do 143(b); Oleksandr Kalinichenko 144; Gary 146(t). Andreas Meyer 150(l); Sebastian Kaulitzki 150(c), 150(r); Regien Paassen 151(t); Linda Bucklin 151(b); Julien Tromeur 151, 152(t); Mandy Godbehear 152(b); Hkannn 153(t); Kruchankova Maya 155(t); Blamb 155 (c); Andrea Danti 156(c); Hkannn 156(r); Mmutlu 158(t); Sebastian Kaulitzki, Principal 158(b); Sgame 159(t); Pseudolongino 159(c); Iofoto 160(t); Gelpi 160(cr); Hkannn 160(cl); Frbird 160(bl); Mmutlu 161(tl); Gelpi 161(tr); Xavier Gallego Morel 161(bl); Hkannn 161(br); Agata Dorobek 162(t); Tonylady 162(bl); Monkey Business Images 162(br); Ss serg 163; Sebastian Kaulitzki 164(t); Tom Grundy 164(c); Sergii Figurnyi 164(bl); Jamie Wilson 164(br); Mike Brake 167(t); Eric Issel é e 180(t); Jaana Piira180(b); Eric Gevaert 181(tl); Ewan Chesser 181(tr); Karen Hadley 181(c); Henk Bentlage 181(b); Nina B 182(t); Dps 182(bl); Tallllly 182(br); Darla Hallmark 183(tl); Condor 183(tr); Victor Soares 184(tl); Richard Peterson 184(tr); Four Oaks 184(b); Robert Hardholt 185(t); Four Oaks 185(c); Jeremy Richards 185(b); Terence 186(tl); Eric Isselee 186(tr); EcoPrint 186(c); Holger Ehlers 187(c), Izoom 187(b); Andrea Leone 190(t); Jocrebbin 190(b); Wayne Johnson 191(t); Mike Price 191(b); Ronnie Howard 193(br); Sharon Day 194(b); Johan Swanepoel 195(t); Chas 195(br); John Carnemolla 195(bl); Ryan M. Bolton 196(t); Marc Schut 196(c); Kkaplin 196(b); Kkaplin 179, 197(t); Eric Issel é e 197(c); Irakite 197(b); Wit R 200(l); Dirk Ercken 200(c); Cosmin Manci 202(r); Anyka 200(b); Ryan M. Bolton 201(t); Carl Britton 201(c); Jason S 201(b); Katrina Brown 203(tl); Elisei Shafer 203(b); Edwin Van Wier 204(b); A Cotton Photo 205(b); Eric Isselee 206(tr); Potapov Alexander 206(tl); Dr. Morley Read 20(b); Vblinov 207(t); Sasha Radosavljevich 207(c); Livestock 207(b); Sebastian Knight 208(tr); Bogdan Wankowicz 208(b); Eco Print 209(b); Innocent 210–219.

Dreamstime: Dannyphoto 23; Roger Rosentreter 41(t); Boris Panasyuk 41(b); Anouk Stricher 44(t), Kristine Carrier 44(c); Denis Kabanov 48 (t); Wiltilroeo 49(b); Darryl Brooks 51(b); Ints Vikmanis 52(t); Attila Toro 53(tl); Mark Huls, Denis Selivanov 53(tr); Attila Toro 53(tl); Mark Huls, Denis Selivanov 53(tr); Nasser Bu-Hamad 54(t); Pavel Bernshtam 55(c); Styve 55(b); Naiyyer 56(tr); Gamut Stock 56(b); Vicspacewa 57(b); Luciano Mortula 58(t); Jeremyrich 62(t); Nzgmw 63(b); Marc Pelissier 64(tr); James Steidl 64(cr); King Ho Yim (64b); Rod He 103(b); Vito Raccuglia 104(t); Dan Breckwoldt 106–107; Eastimages 110(bl); Jian Zhang 110(br); Diademimages 111(br); Lario Tus 112(t); Nalapic 112(cr); Shariff Che' Lah 112(br); Paul Cowan 113(bl); Wei Seng Chen 114(b); Elemer Sagi 115(b); Valeria Cantone 118(bl); Jayv 122(t); Jeremyrichards 124(b); Kun Yang 138–139; Joedeer 139; Margojh 142(tl); Folco Banfi 143(c); Monika Adamczyk, Odina 153(b); Monkey Business Images 157; Tigerx 160(br); Stefan Ekernas 188(b); Outdoorsma 193(t); Steevi 199(t); Dabjola 199(br); Dream 202(t); Hbbolten 202(c); Nataliyata 202(b).

Istockphoto: Dave Logan 24(bl); Bruce Turner 24(bc); Rafal Belzowski 24(br); Urosr 25(t); Kae Horng Mau 25 (b); John Anderson 27(bl); Joseph Luoman 29(b); Tobias Helbig 30(l); Zbindere 35(b); Mistika S 38(t); Tobias Helbig 40(b); John Pitcher 42; FrankvandenBergh 49(t); Anastasiya Rutkovskaya 52–53; Dirk Freder 61(t); Oversnap 61(cr); Jodi Jacobson 64(cr); Grafi ssimo 65; David Kerkhoff 71(t); Izabela Habur 72(t); Daniel Tang 72(b); Craig Strong 75(b); Jose Carlos Pires Pereira 76(c); Elena Schweitzer 82(b); Ray Roper 83(bl), Archives 83(br); Grafi ssimo 91(t); Constance McGuire 91(b); HultonArchive 104(c); Steven Wynn 104(b); Clifford Shirley 105(t); Claudia Dewald 108(l); Catherine Yeulet 117(t); Eliza Snow 117(b); Howard Sandler 119(tl); Mahmoud Rahhal 119(bl); Howard Sandler 121(c); Jeff Metzger 125(b); Purelook 126(tr); Maria Carolina

Troconis Dittmar 129(cr); Xpdream 133(tl); Dmitry Kutlayev 133(b); Serghei Velusceac 134(t); Daniel Schoenen 134(b); Can Balcioglu 135(t); Nina Shannon 135(b); Brasil 138(t) Sean Locke 140(r); Sean Locke 140(r); Sebastian Kaulitzki 156(l); Max Delson Martins Santos 158; Marcy Smith 159(b); Stephanie Swartz 183(b); Heather Robertson 187(t); Terraxplorer 188(t); Sharon Morris 189(tl) Graeme Purdy 189(tr); Derek Dammann 191(b); Hɑ́kan Karlsson 191(c); Jonathan Lyons 192(t); Anders Boman 199(bl); Klaas Lingbeek 204(t); Patrick Laverdant 208(tl); Matauw 209(t).

Bigstock: Shao Weiwei 54(b); Joanne Lane 63(t); Steve Estvanik 81(c); Noam Armonn 121(b).

Fotolia: James Smit 30(r); Shariff Che' Lah 126(tl); Nikola Bilic 129(c); Jmpic 189(c).

Corbis: Bettmann 92.

自然图片图书馆: 203(tr).

美国本田摩托有限公司: 142–143.

AstroPics: WallyPacholka 16–17.

Transrapid International GmbH & Co. KG: Fritz Stoiber 137, 143(t).

布里奇曼艺术图书馆: Alexander the Great on Bucephalus, English School, (20th century)/Private Collection/ Look and Learn/The Bridgeman Art Library 74(t); Hernando Cortes, Conqueror from Sunny Spain, Jackson, Peter (1922–2003)/ Private Collection/Look and Learn/The Bridgeman Art Library 81(b); Thermopylae and Cutty Sark leaving Foochow in 1872, 2008 (oil on canvas), Sutton, John (b.1935) (Contemporary Artist) /Private Collection/The Bridgeman Art Library 85; St. Michael, c.1503–05 (oil on panel) (see also 15971), Raphael (Raffaello Sanzio of Urbino) (1483–1520)/Louvre, Paris, Franc/Giraudon 99(c).

雷克斯图片: Araldo Di Crollalanza 103(t); Canadian Press 103(c); Seepa Press 106(t); Phil Rees 107(b); Tranz 108(cr); Andy Hooper/Associated News Papers 111(tr); Andy Hooper/ Associated News Papers 111(bl).

Alamy: Lebrecht Music and Arts Photo Library/Alamy 77(t).

图片图书馆: Steve Kaufman 28(bl); Loren McIntyre 29(t); Thomas Sbampato 33(t); Chad Ehlers 48(b); Steve Vidler 59(br); Keith Levit 61(br); Mary Evans Picture Library 67(t); Bridgeman Art Library 68(b); Robert Harding 70(b); North Wind Pictures 74(b); The Print Collector 84(t); The Print Collector 84(b); Bridgeman Art Library 86(t); Bridgeman Art Library 88(b); The Print Collector 89(t); North Wind Picture Archives 90; Lebrecht Music & Arts Photo Library 102(t); Simon Cooper 107(c); North Wind Pictures 108(tr); Dani/Jeske 108(br); Dan Porges/Peter Arnold Images 121(t); Amit Somvanshi 123(b); Steve Raymer/Asia Images 125(c); Richard Bailey/Science Photo Library 127, 132(b); Photolibrary 133(tr); Highlights for Children Oxford Scientifi c 165, 171(b); 175; DEA Picture Library 176, 177(t), 178(t); Henry Ausloos 193(bl).

AP 图片: Frank Franklin II 66(t); Lionel Cironneau 94(b); David Guttenfelder 96(t).

印度图片: 105(c).

科学图片图书馆: Christian Darkin 177(b).

玛丽・伊文思图片图书馆: Mary Evans Picture Library 87(t).

Reuters: Ho New 99(b); Fayaz Kabli 107(t); Hamad I Mohammed 115(c).

Greg Gladman: 101(t).

W V Jazzman: 101(c).

Getty Images: Dea/G. Dagli Orti/De Agostini Picture Library/Getty images 79(b); Hulton Archive 87(b); De Agostini 168(t).

国会图书馆: Popular Graphic Arts 83; Theodor Horydczak Collection 88(t); Popular Graphic Arts 91c; Popular Graphic Arts 146(c).

美国海军: Cale Bentley 145(t); John Martinez 145(c).

美国海军陆战队: John A. Krake 146(b).

美国空军: Joshua Strang 11(b); Tony R. Tolley 146–147; Julianne Showalte 147.

布里斯托尔空天飞机有限公司: 148(b).

约翰・西比克: 166; 169(b); 172; 173(t).

史密斯: 167(b).

约翰・宾顿: 168–169; 171(t).

朱利乌斯・T. 索托尼: 169(t); 170; 173(b); 174(t); 174(b).

埃德加・琼斯: 178(b).

大英博物馆图片: © The Trustees of the British Museum 67(c).

查理斯・费雪: Penn State 27(r).

The Stapleton Collection: Destroying the Chrysalids and Reeling the Cocoons, from 'China in a Series of Views' by George Newenham Wright (c.1790–1877) engraved by J.Davies,1849, Thomas Allom,(1804–72) 73(b).

Robovolc Picture Gallery: Robovolc 37(b).

国家科学基金: Patrick Cullis 32(t); Chris Kannen 32(c); Calee Allen 32(b).

亚洲图像: 70(t).

英国遗产图片图书馆: 78(t).

Natalie Petrovsky: 89(b).

美国地理调查: 35(c).

Defense Imagery: DoDmedia 92; DoDmedia 93(t); Lt. A. E. Samuelson 93(b); DoDmedia 94(t).

美国陆军图片: Spc. Christopher Baker 96(b).

Balage4art: Balage Balogh, Artist. Balage4art 66(b).

NOAA: Deep-ocean Assessment and Reporting of Tsunamis 37(c).

FEMA: Jocelyn Augustino 40(t).

NASA: D. Elmegreen/Jet Propulsion Laboratory 7, 8, 9; Spitzer Space Telescope Collection 10; Johns Hopkins University Applied Physics Laboratory/Arizona State University/Carnegie Institution of Washington/Image reproduced courtesy of Science/ AAAS 12(t); Jet Propulsion Laboratory 12(c); Goddard Space Flight Center 12–13; 13; 14–15; Jet Propulsion Laboratory 15(t); Jet Propulsion Laboratory 15(c); Jet Propulsion Laboratory 15(b); Wally Pacholka 16; 17; 18–19; 19; Marshall Space Flight Center 20(t); Johnson Space Center 20(b); 22; 34, 36; Johnson Space Center 148(b).

Q2AMedia 图片库: 67b, 71c, 73t, 75t, 76b, 80t, 82t, 86b.

Q2AMedia 艺术库: Cover Page, 11, 22, 23, 33, 34, 35, 39, 42, 69, 78, 79, 100, 128, 132t, 154, 155, 157, 186, 188; 192, 194, 198, 204, 205